▷ 在这条不长但吸引着创投人士目光的大街上,矗立着几个很有科技感的方向标

▷ 服务创业者的会客厅、车库咖啡、窗上的 inno way 标志、言又几书店

▷ 这些随处可见的名字、创意文案，展示着满满的互联网正能量

▷ 拍摄当天人并不多,有些人是慕名而来

▷ 谁还关注咖啡好不好喝

▷ 墙上照片中这些人如果认识不超过 8 个,你就 out 了。这里时常有互联网大咖出没,他们不只是"上墙"

▷ 创业大街（部分）

▷ 西少爷肉夹馍的文案就像另一个世界的沟通语。从南 inno way 标志处进入，走到头，就是传说中的京东智能奶茶馆

卖一杯
互联网精神

3W咖啡的创业梦想孵化手册

丁昊峰 ⊙ 著

图书在版编目（CIP）数据

卖一杯互联网精神：3W咖啡的创业梦想孵化手册／丁昊峰著． —北京：新世界出版社，2016.2
ISBN 978－7－5104－5598－8

Ⅰ．①卖… Ⅱ．①丁… Ⅲ．①电子商务－商业经营－中国 Ⅳ．①F724.6

中国版本图书馆CIP数据核字（2016）第027905号

卖一杯互联网精神：3W咖啡的创业梦想孵化手册

作　　者：丁昊峰
策划编辑：冀　晖
责任编辑：张杰楠　周　帆
责任校对：宣　慧
责任印制：李一鸣　黄厚清
出版发行：新世界出版社
社　　址：北京西城区百万庄大街24号（100037）
发行部：(010) 6899 5968　(010) 6899 8705（传真）
总编室：(010) 6899 5424　(010) 6832 6679（传真）
http://www.nwp.cn
http://www.nwp.com.cn
版权部：+86 10 6899 6306
版权部电子信箱：nwpcd@sina.com
印　　刷：三河市骏杰印刷有限公司
经　　销：新华书店
开　　本：710mm*1000mm　1/16
字　　数：190千字　　印张：15.5
版　　次：2016年3月第1版　2016年3月第1次印刷
书　　号：ISBN 978－7－5104－5598－8
定　　价：36.80元

版权所有，侵权必究

凡购本社图书，如有缺页、倒页、脱页等印装错误，可随时退换。
客服电话：(010) 6899 8638

3W 咖啡众筹股东名单（部分）

杨向阳　深圳市源政投资发展有限公司董事长
曾李青　德迅投资创始人、腾讯联合创始人
叶　滨　清科创投董事总经理，并兼任集团执行副总裁
殷建波　谷歌中国战略合作总监
曾　玉　枫树（北京）投资管理顾问有限公司创始人
张　伟　博雅互动 CEO
庄辰超　去哪儿网 CEO
吴世春　乐呵互动 COO，前酷讯网创始人
黄　劲　走秀网联合创始人，首席战略官
袁　疆　也买酒董事长
倪正东　清科集团董事长
詹　川　深圳市华澳资本管理有限公司创始合伙人
胡世辉　太美行动文化传播董事长
厉　伟　深港产学研创业投资有限公司董事长，松禾成长关爱基金会理事长
李　静　著名主持人、制片人，东方风行传媒集团创始人
彭志坚　腾讯产业共赢基金董事总经理
郄建军　高德软件副总裁
沈南鹏　红杉资本中国基金创始及执行合伙人
孙陶然　拉卡拉支付有限公司创始人，董事长兼总裁
赖霖枫　广东一一五科技有限公司董事长兼 CEO
徐易容　美丽说创始人 CEO

柯细兴	亿玛公司总裁
林嘉喜	国金投资 CEO
李日学	寺库中国总裁,全国寄卖工作委员会执行会长
吴哲飞	北京蓝色光标公共关系机构高级副总裁
董安民	百度行政总监、工程建设总监
张逸龙	东方弘道投资管理有限责任公司执行董事
杨正宏	东方弘道投资管理有限责任公司总经理
王 迅	锐嘉科科技集团董事长
张 涛	大众点评网 CEO
龚世海	大众点评网技术副总裁
王欣磊	1号店产品设计副总裁,前沃尔玛电子商务产品副总裁
纪学锋	巨人网络副总裁
杨炯纬	聚胜万合 MediaV CEO
杨文斌	好买基金执行董事、CEO
王志琦	前土豆网 CFO

…………

资料来源于 3W 咖啡官方网站
http://www.3wcoffee.com/shareholderList.html

序言
3W 咖啡卖的是互联网精神

早在 2012 年,《新闻联播》就报道了北京中关村创业大街上的创业咖啡馆"车库咖啡"。一时间关于创业咖啡馆的讨论铺天盖地,许多人看准了创业大潮带来的机遇,也加入到开办创业咖啡馆的行列。大浪淘沙后,一家名叫"3W 咖啡"的创业咖啡馆发展势头最猛。如今,衍生出企业孵化器、互联网垂直招聘网站拉勾网等业务的 3W 咖啡估值已经达到几亿美元。与这样的高估值"不相称"的是,它才成立短短 4 年。

3W 咖啡馆最早进入人们的视野是因为它的成立方式——众筹。它被称作"中国第一众筹咖啡馆",其众筹模式为这种新的融资方式在中国落地生根提供了绝佳的案例,可它带给我们的启发远不止于此。

互联网代表当今最为先进的生产工具,人们对它有许多想象,其中最美好的一点已经实现——世界以它为媒介连接在一起。这种连接形成了互联网的生态圈。美国著名人类学家、文化人格学派代表人物拉尔夫·林顿(Ralph Linton)教授曾对人类的圈子即社群进行过深入研究。根据研究结果,他认为,一个有活力的社群的特征是:相似的文化背景、频繁的互动、共同的利益。

相似的文化背景,其实是指一类人的格调或者调性,最新的说法叫作"价值观契合"。人群会因为有着相类似的追求与理想而聚集到一起。

频繁的互动能够把有相似气质的人聚集在一起,让社群保持活力。没有互动,用户依然"散落在天涯",互动就是"诱使"用户参与。

共同的利益这一点最好理解，当利益相关时，同一生态圈的人更有切身的感受。

在3W咖啡馆里发生的一切，正是互联网生态圈里随处可见的景象——那些最新的想法、那些已经被实践的技术、那些求知若渴或是求贤若渴的人、那些愿意通过这个平台构建更广泛人脉网络的人，在这里都被连接在了一起。

在这个过程中，企业中的个人变成了经济活动的最小单位。企业放弃了"宫殿"式的结构，把自己变成一片"森林"，更加开放灵活，让"森林"中的每一个人与用户进行连接。这就好像企业调动了自己的全部末梢神经去和用户接触。腾讯CEO马化腾曾断言，未来如果一家企业不能做到细胞级连接，"就会像一个神经末梢麻木、肢体脱节的生命体一样，失去生存优势"。

3W咖啡自身作为互联网生态圈的入口，3个创始人本身就是"根正苗红"的互联网人，因此对于这种"细胞级"连接十分重视，具体的表现就是，他们设计出来的每一件产品都以极大地贴近用户需求为目标。

互联网时代，人性化的要求上升到新的高度，工业1.0时代冰冷的标准化不再适用。马化腾曾经将人性视作"连接的归宿"，任何一款产品甚至一个平台，都需要基于人性去思考、开发和设计运营。

任何行业的转型都需要从最基础的人性化开始。海尔CEO张瑞敏总结道："互联网+企业绝不是简单的'油+水'。油漂在水上闪闪发光，很好看，但水和油是分离的。利用互联网技术和手段，与用户零距离接触，才能真正达到水乳交融。我们称之为'用户复兴'。"互联网时代的用户复兴，就是把选择的权利还给用户。这是互联网带来的信息极大丰富和信息对称的必然结果，个性化也只有在这种情况下才能实现。

由于每一个人都被连接，个性需要得到最大的尊重，因此世界变得更加自由和开放，"跨界"成为这个时代的另一主题。"互联网+"本身正是跨界思维的表达。

序言

3W 咖啡通过互联网与传统行业的跨界,实现了开放与融合。它带来的最显著变化是从智慧创意到商业化的路径更加垂直。

跨界要求的开放与融合最终可以让系统成为一个开放的生态圈。创新也正是在开放的生态圈中得到孕育和发展。创新带来的是一种生产力结构的变化,它让用户更多地参与到产品的创造与传播中。股东们通过互联网集合在一起,每一个品牌的创造都有无数的个体共同参与,每一个人都可以参与到他们所擅长或是希望的环节当中。

3W 咖啡的发展体现的正是这种生产结构变化的趋势——创客化。

"创客"源于英文单词"Maker",他们多集中在艺术和制造领域,通常被认为是"硬件再发明"的科技达人,但也不限于此——软件开发者、艺术家、设计师等,只要坚持创新、持续实践,也可以被称作创客。创客空间就是创客们的集中地,国外已经有很多这种创客空间在运营。

比如在美国,有一位名叫卡瓦尔康蒂(Gui Cavalcanti)的创客几年前成立了一个创客空间——工匠避难所。卡瓦尔康蒂成立创客空间的初衷很简单,比许单单想开一家咖啡馆的初衷复杂不了多少:他想制造一个巨型机器人,这需要一个数十人的团队,还需要一个不小的实验空间。基于此,卡瓦尔康蒂租下一家旧工厂约 800 平方米的场地作为"创客空间",召集了志同道合的人在这里落脚,互相交流。

现在,"工匠避难所"已经名声在外,这里的创客除了拥有自己的工作场地之外,还可以得到各种专业的设备、工具,尤其是一些难以获得的先进工具。最重要的是,这里有各种新鲜的想法和新奇的创意,大家聚在一起就会有更多的灵感迸发。"工匠避难所"因此也专门开辟了供创客交流的空间。

创客在创客空间研发自己的产品,并制成模型,然后寻找工厂批量生产。至于资金,有些创客通过众筹网站获得,有一些工作室类型的创客团队则会通过开设一些培训课程获得。有一些创客加入创客空间完全是出于自身兴趣,他们本身有正式职业，并不为生计发愁；然而也有不少创客是为了自己热爱的项目而辞职的自由职业者。

创客当然并不仅止于个人的创新，它也包括企业结构的创客化。创客化的企业结构是将企业内部的部门边界打破，比如海尔转型时倡导的"人人都是CEO"，通过组织机制和结构的细胞化，实现个人创造力最大限度的发挥。无论是个人创客还是企业公司的创客化，最终目标都是通过一种简单直接的方法释放所有人的潜力。

"互联网+"代表了连接和创新。互联网在其中的作用并不是要取代加号后面的传统企业，而是要作为一种创新的驱动力注入传统企业的基因当中。因此，加号后的传统企业应该是基础和母体，但是在实践的过程中，很多人只注重加号前的"互联网"而忽视了加号后的"传统"。

这是许多期待用互联网基因改造行业的人最容易犯的错误。尤其是互联网出身的人，更容易在跨界时跌倒，其主观上的原因是骄傲。许单单曾经总结自己创业时走过的弯路："以为用互联网思维改造一个咖啡馆还不是小case，就跟《三体》里说的降维攻击一样。"但事实上，他根本不了解这个行业，同样用《三体》里的话来说："弱小和无知不是生存的障碍，傲慢才是。"这种傲慢让他差点毁了自己的咖啡馆。

所以，互联网人看似天生带着互联网的基因，但他们在实践"互联网+"时总是带着对传统行业的"天真幻想"，于是发现坎坷不断，问题总是从意想不到的地方钻出来。所以，要想实现互联网与传统行业的跨界整合，需要对传统行业心存敬畏，也要先在传统行业落脚，奠定基石。3W咖啡花了太长时间看天，忘记了脚下的路。现在坐在3W咖啡馆里的创业者们，又有多少只是一味地谈论理想或是"妄想"？

互联网改变了许多人的生活甚至思维方式，但无论商业的形式如何变化，创

序言

业需要的基因、创业的本质并没有从根本上改变。如果非要说改变，只是要求创业者更有野心。

互联网时代是个野心时代。3W团队总结这个时代的特点是："这是一个最好的时代，所有人都在创业，有这么多VC在支持创业，所有的年轻人都可以激发自己的想法。互联网又是一个高速成长的能够容纳一切可能性的行业，所以这是每个人都有野心的时代。"

也正是这种野心，让创业者们敢于在互联网巨头的阴影下，在"一元决定论"横行的时代去缔造一个新的"垄断"神话。他们的优势是更精细、更垂直。《从0到1》的作者、硅谷创投教父——彼得·蒂尔（Peter Thiel）说："事实上在红海中厮杀将会面临更加残酷的挑战，巨头们高大的身影会掩盖新兴公司的光芒。在筹资和发展都十分艰难的情况下，要做到避免'竞争'，进入被低估的市场，迅速而果断地占领垂直市场。"

当然，在泡沫不断的互联网市场里创业，需要比在其他领域更加冷静，盲目地跟着"云"、跟着"大数据"都是不明智的，一定要想好自己要做的事。拉勾网所做的其实也不过是招聘，这是一个在互联网行业里最寻常的领域，但事实证明，只要发现并抓住了它的独特前景就可以实现突破。

最后，创业还是要落到那个老套的词上——企业文化。这个词从20世纪80年代被提出来以后，扛住了经济波动和思维变革带来的影响，从未被人遗忘。如果说工业1.0时代需要一种"家庭"式和"集体"式的企业文化，那么互联网时代的创业公司则需要一种"江湖"式的企业文化。

大多数创业者都是和"兄弟"一起创业，然后在创业的过程中找到那个真正志同道合的人。这种文化是自由和开放成为通行准则的时代要求。

至此，我们可以总结3W咖啡带来的启示：

人们的意识空间被互联网颠覆，3D已经是陈旧的时空观。当互联网连接了一切时，生态圈发生了结构和功能上的改变。

互联网带来的开放与融合，让人们更加重视个性，就连标准化都需要为个性服务。

回归人性，让所有的创新都以人性为基础而发生。

世界不再需要另一个巨人，找到你的"小池塘"，你可以在细分领域里称王。

要做接地气的项目，当"假大空"在网络上泛滥时，自由、开放、脚踏实地的东西才能找到投资。

目录 / CONTENTS

Part1 一切与"互联网+"有关

第一章 3W 玩的是互联网 + 圈子

- 最差也是个咖啡馆,万一呢 /3
- 把大佬圈进来:做减法,真诚、有料 /11
- 像挑对象一样选合伙人:N 次大吵,N+1 次和好 /16
- 把创业当副业是在耍流氓 /21

第二章 要卖咖啡,还是要入口

- 给足理由,传播链会自动延伸 /27
- 3W 首先是咖啡馆,互联网当形容词 /34
- 站在风口,猪其实很迷茫 /38

Part 2 曲线跨界:创业生态的养成路径

第一章 重新定义:咖啡馆不是孤岛,而是系统中心

- 回归商业本质:把咖啡馆交给懂行的人 /45
- 弱关系连接:如何做公开课、沙龙 /52
- 创新传媒:解决大客户的营销难题 /55

第二章　互联网 + 招聘：去淘金的地方卖水

拉勾网，不从零开始 /61

社交招聘是伪命题：第三方不在场 /65

每一次操作都要进入用户的场景 /69

瞎子走路：寻找天使用户，先用后改 /78

制造并能掌控一定的"负面"信息 /83

第三章　招聘是一场好玩的 O2O

场景延伸：先玩嗨，顺带把求职这事办了 /88

心动感：以 C 端用户为本 /92

与企业一起玩创意型线下活动 /95

文案走心：有温度，有态度 /100

"勾妹"：做用户的哥们儿和闺密 /116

拉勾微信号如何运营 /124

第四章　互联网 + 孵化器：连接创业者和投资人的管家

创业不再是一件苦大仇深的事 /129

初创团队如何入驻孵化器 /135

深度服务就是把帮助做到极致 /139

早餐会：初创团队如何获得天使投资 /144

创业要用剪刀法：聚焦，再聚焦 /149

融资逻辑：不求多，但求快 /153

目录

Part 3　再上路，折腾不止

第一章　创业，要么拼，要么死

打硬仗：足够疯，足够简单 /161

议事法：创业团队的心灵契约 /167

守天条：领军人随时更新自己的"操作系统" /172

维护人：99% 的时间都在关注 /176

第二章　参与一个令人激动的未来

小公司如何挑战大巨头 /180

小而美时代，垂直是未来 /186

3W 代表"互联网+"的一种模式：轻资产+服务 /191

反思：在沙漠里，买一条荒诞的领带 /194

热闹的世界，不忘初心 /199

附录

2014 中国互联网职场调查报告 /205

2015 互联网人才流动报告 /215

Part1 一切与"互联网+"有关

　　如果说互联网的出现像蒸汽机和电一样掀起了一场新的工业革命,并改变了整个世界的生产生活方式,那么3W咖啡就是这场大浪潮中的一个冲浪者,它正在做的事情就是不断地连接、延伸,这就是互联网时代的创业。此时,还有很多人不明白"互联网+"是什么意思,那么我们就从它开始吧。

第一章
3W 玩的是互联网 + 圈子

📶 最差也是个咖啡馆，万一呢

"哎，我们开个咖啡馆吧。"

2010 年秋天的某个晚上，当这条消息出现在腾讯离职员工群里的时候，多数成员并没有太在意。世界上心怀咖啡馆梦想的人多了去了，他们今天想开咖啡馆，明天想开花店，后天想开书店，但最后也就是想想。所以，大多数人看到这句话的时候估计都在想："又来了一个做梦的。"

可他们没有想到的是，正是这条消息拉开了中国互联网著名地标的建设序幕。当然，发起人许单单自己也没有想到。他想开咖啡馆不是什么文艺情怀作祟，而是因为在咖啡馆里受了气。

几天前,许单单在一家知名咖啡馆租了一小块地方,要开一个关于互联网视频行业的小型交流会。组织这次活动和他的职业有关——许单单是一名互联网分析师,他的工作大体上来说就是分析二级市场,分析互联网行业的发展趋势、细分领域的投资机会、公司或项目的商业模式等。许单单组织这次聚会,是因为当时优酷土豆将要上市,作为分析师的他需要针对这一事件进行分析,于是他请来了20多位当时在国内视频公司工作的朋友一起交流想法。

除了这次活动之外,许单单已经组织过不少行业沙龙、聚会,目的都是进行行业研究,唯独这次活动在他发起的众多活动中意义重大,不是因为活动的内容,而是因为这次交流促使许单单产生了开咖啡馆的想法。

事情是这样的:

许单单选择了国内一家著名的咖啡馆作为活动交流场所。在确定了具体场地之后,他向大家通知了时间、地点。但由于在预订场地时咖啡馆方面并没有预先说明需另付租赁费用,许单单便按照惯例(一般情况下,在咖啡馆内点餐即可在一定时间内使用场地)告知大家餐点费用采取AA制。没想到,在活动开始前一天,咖啡馆的店员打电话通知许单单:"先生,您还需要支付一笔场地费用。"

"为什么不提前说呢?我们保证每个人都会点餐,而且点的都不会少的。"

"对不起先生,您必须付场地费。"

"……"

其实场地费收得并不多,但许单单觉得,临时告诉大家需要另外增加费用有违诚信原则，因而感到十分为难。可是活动无法取消，他只能在活动当天现场告诉大家需要支付额外的费用。

除了说明之外，许单单还说了一句很重要的话："干脆我们自己开一家得了！"

这句话在当时是一句气话，但是得到了在场所有人的肯定和支持，因为那是该事件所有当事人的心声。而且，即便没有这件事，互联网行业对交流场地的迫切需求也早已经成为急需解决的问题。这个行业是一个创意层出的行业，也是一个快速变化的行业，因此从事该行业的人需要更加频繁地进行交流。交流需求的增加意味着交流场所需求也要相应增加，但现实情况就像他们这次的遭遇一样，要么没有场地，要么合作不愉快。

许单单的想法简单直接：自己开一家咖啡馆，专门为互联网行业从业人员提供活动场地，沙龙也好，讲座也好，约投资人见面也好，总之大家可以在这里自由地交流，无拘无束。当时参加活动的20多人虽然都为此叫好，但除了许单单自己，没有一个人把这个想法当真。事后回忆起来，他说这件事"很戏剧化"，自己也"很天真"。

很多时候创业并不是缺乏想法，而是缺乏执行。唯一决定执行的许单单在QQ群里发出了本节开头引用的那条消息。一石激起千层浪，与线下活动时的情况相反，当时QQ群里就有少数人决定参与，并且后来真正入了股。许单单就这样开始了自己的创业之旅。

2010年11月20日，许单单发了一条微博：

三大不六咖啡厅——www cafe筹备委员会成立了！一切工作都在紧张有序地进行着。大家都很激动，虽然每个人投入的钱很少，但是，这也是集体创业啊！希望我们的www cafe能做得红火，为互联网行业的聚会提供优异的场地和服务！大家一起努力啊，100名股东们！

这条微博的发布可以视作3W咖啡正式筹资的开始。那一年正是微博发展的高峰期，微博上名人齐聚，传播效应十分明显。许单单的这条微博一呼百应。另外，由这条微博可以看出，3W咖啡在创立时选择了众筹模式，这种模式兴起于西方，指项目发起者向社会公开募集资金。众筹的项目无所不包，比如地产、电影、教育、游戏、时尚、智能设备、软件等。一般来说，通过众筹模式募集的单笔资金并不多，但是这许许多多的"小钱"汇集在一起后就变成了一笔可以支持创业梦想和创新理念的"大钱"。正是因为众筹的低门槛以及它在价值创造上拥有的极大潜力，它才会如此吸引人。

众筹发展到现在已经有了很多种融资模式，许单单为3W选择了"股权众筹"，也就是说出资者以股东身份参与，可以获得一定比例的股权。除了这种模式之外，众筹还有债权众筹、回报众筹以及捐赠等模式。

国内引入众筹模式的时间并不长，但在各个商业领域都炙手可热。究其原因，除了它可以满足草根人群的创业需求外，还因为它与传统的融资方式相比优势明显。

首先是高效，资本拨款的周期极短。由于取消了传统融资的中间环节，项目的融资成本也相应降低。这是众筹的经济价值。

其次是融资的地理范围扩大。一个远在大洋彼岸的项目都有可能通过互联网上的众筹平台在中国找到投资人。当然，对于投资人来说，也能更方便地找到自己中意的项目。在众筹项目发布后，筹资人可以通过反馈情况对项目的市场需求进行评估，对项目进行验证。

通过众筹建立的项目与传统项目不同，它从一开始就在分享与互动中形成了话题，有利于后期营销。

众筹的这些优势在3W的融资过程中都得到了体现，仅3天，许单单就召集了60位股东。一个月后，许单单的微博显示，加入3W的股东人数破百。

【3W咖啡第一次股东会】我们计划开办一个专门为互联网行业聚会、沙龙、讲座提供场地的咖啡厅，名为"3W cafe"，计划征集100名互联网公司人士为股东，目前已有60多人。明天第一次股东会将在黄庄召开，哈哈，欢迎大家持续关注我们的进展，也欢迎感兴趣的朋友踊跃报名做股东，我们会选择合适的人纳入股东会。

2011年8月，3W咖啡馆开业，这离许单单微博发起融资还不到一年。

不过人们也发现，微博上关于入股的标准一直在变。最开始时，对于股东的身份没有太明确的要求，只是要求每人投入一万元左右把店开起来，大家一起经营，有兴趣就可以加入。当时，许单单根据前期预算，觉得大约40万元人民币，即找50个投资人就可以开一家店。然而，事实证明这些预算连咖啡馆的房租都支撑不了，不过这是后话。

让许单单没有想到的是，他的咖啡馆梦想吸引了许多大公司的CEO，由于"明星"效应，入股的人越来越多。一家公司入股的人数太多并不是什么好事，许单单觉得自己不能谁的钱都要，于是开始不断地

修订入股规则，最后确定了3条参股的标准：

第一，入股金额不得低于3万元人民币；

第二，股东必须是上市公司副总裁以上级别或者是创业公司CEO；

第三，如果是投资人的话，则必须是知名VC或者其合伙人。

就这样，3W入股标准从原来的来者不拒逐渐发展成最后的高门槛，正是因为这道门槛，3W才有了一份华丽的股东名单。

之所以提高门槛，除了作为初创团队无法把控太多资金和太多人之外，许单单还有更深层次的考虑——圈子。许单单从一开始就将3W定位为互联网"圈子"。他明白，最初很多人因为觉得有趣才加入，后来随着股东人数越来越多，特别是当行业大佬、知名公司CEO都加入以后，更多人就是冲着圈子来的。

"圈子"其实是一个中性词，只要你有工作、兴趣、习惯，甚至是使用某个品牌手机的喜好就必然会被划入某个圈子里。圈子里的人拥有与你相同或相似的工作、兴趣、习惯、喜好。人人都愿意进入圈子，或者说愿意结成圈子是因为大家渴望与自己的同类交流，因为同样的智慧碰撞在一起会产生更高的智慧。更何况3W的股东有如徐小平一样的投资人，有互联网公司的高管，也有一些来自传媒行业的知名人士，比如东方风行的李静——这些人聚在一起几乎就成了一个创业生态圈的雏形。大家彼此交流，可以分享资金、资源、渠道媒体和智慧。

这就是圈子的作用和价值。一个人游离于圈子之外，那么他将毫无存在感可言，即便是行业大佬也一样。**淡出圈子，尤其是没有在行业精英圈子里"挂号"，就意味着他失掉了参与未来的机会。**

所以，对于3W的各位股东而言，咖啡馆不重要，占股的比例不重要，可以带来多少回报更不重要——重要的是在这个平台里大家可以在同行中找到自己的存在感，提高自己的曝光度。他们认可的是3W作为一个"圈子入口"的价值：从这里可以进入"圈子"，然后创造包括人脉价值、交流价值、社交价值以及创新价值在内的种种价值。

用许单单的话说，3W这个圈子以及其中的优秀资源得到了众多互联网人士的认可，"这也是个投资，花很少的钱得到一个参与未来的机会。这个机会或许很小，或许很大，但是互联网的魅力就在于未来的不确定性以及无限的可能性。所以既然钱很少，而且（聚集了）一大群行业里很不错的精英，最差的结果就是真的只是个咖啡馆，（那为什么不投呢？）大家偶尔（可以过来）喝喝咖啡，3W组织股东们聚聚会，认识些朋友，做些交流。而万一未来有所突破，或许可以成为一个不错的小平台，在这个平台上可以挖掘其他的可能性"。

说到底，3W这场众筹玩的就是圈子。3W的定位决定了它是一个很好的众筹项目，可以积聚优质的人脉资源，因此最终脱颖而出。这一切其实与许单单长期的线下人脉积累是分不开的。作为互联网分析师，许单单经常需要与上市公司的高管、CEO打交道，更重要的是在打交道的同时他有能力与这些人保持较好的联系，其中甚至有一些人与许单单个人的交情也很不错。

3W以众筹模式创立，并且成功发展为一个具有创造力价值的创业生态圈，让许多心怀创业梦想的人看到了众筹背后闪亮的光环，因此跃跃欲试。但众筹并没有我们想象中那样美丽，先不提许单单本身所依靠的资源能不能复制，单是国内众筹模式的不完善就会带来极大的风险，可是这一点往往最容易被创业者忽略。

首先，我们可以看看同样通过众筹模式建立起来的咖啡馆——"很多人的咖啡馆"（以下简称为"很多人咖啡馆"）。

顾名思义，很多人咖啡馆是由多人筹资并管理运营的一家咖啡馆。2011年7月，豆瓣上的某个网友发帖募集资金，共建咖啡馆。当时他建议每人出资2000元。2011年9月，这家咖啡馆开业了。它的成功受到许多怀有咖啡馆梦想的人的追捧。一时间，国内出现了许许多多的很多人咖啡馆。

但是随着时间的推移，以"很多人模式"建立的咖啡馆纷纷传出经营不善的消息，也有一些咖啡馆已经关门歇业。有人总结道，发起人没有看透众筹模式是他们失败的一个重要原因。

相较而言，3W的众筹虽然也是共同出资支持创业，但在项目的组织与管理上并不是所有人共同参与。很多人咖啡馆鼓励所有人共同参与管理，这样一来就出现了少则几十位、多则上百位的出资人共同管理一家咖啡馆的情况，很容易在管理上出现权限交叉、责任分配不均、意见无法统一等问题，这在现代企业管理经营上无疑是灾难。

其次，通过社交平台或众筹平台开展的项目中，投资人之间、投资人与项目发起者之间的关系并非都像3W那样是社交的"强关系"，更多的情况是，投资人与发起者彼此之间毫不相识，这就对信任机制、分配机制和退出机制产生了极高的要求。也就是说，参与的规则很重要，否则将来会产生许多纠纷。有不少很多人咖啡馆正是因为在经营中出现了权益纠纷而倒闭。

除此以外，众筹形式在国内依然游离于法律的边缘，参与项目的人要承担极大的法律风险，许多参与者的权利和义务没有明确的机制保障，这也是国内众筹并没有看上去那么美的原因之一。

不过，话说回来，众筹是有不少风险，但世上哪有零风险的事？既然许单单已经开始了，下面怎么继续？

把大佬圈进来：做减法，真诚、有料

用文字很难形容许单单是个什么样的人。

不认识他的人，从新闻照片上看，会觉得他有些过于安静，更像一个文艺青年，而不是一个董事长。

就连许单单的合伙人之一马德龙最初也不相信许单单可以和互联网大佬们顺利沟通。直到有一天，马德龙看到他坐在盛大游戏总裁、百度首席科学家等几位"大牛"中间侃侃而谈时才猛然意识到，只要这个人开始"交际"，就会变成另一个人：擅长交际，长于应付。许单单与大佬们交流时表现出的气场竟然让马德龙忘记了他的年龄。

不可否认，许单单在交际方面的天分帮助他结识了很多圈内人。在现代社会，没有人会怀疑人脉的重要性，以太网发明者罗伯特·梅特卡夫（Robert Metcalfe）曾说，一个网络的价值将随着用户数量增加而平方级增长。互联网前所未有地放大了人与人之间连接的重要作用，因此，想建立圈子的人总是企图网罗更多的人，不断地为自己的圈子做加法。

许单单的做法正好相反，就像他经营咖啡馆和拉勾网一样，在经营人脉和圈子时他做的是减法：

减去多余的人，圈子不要太大。太多人会造成主题不集中，噪音太多容易分散精力和方向。

减掉好高骛远的想法，做好眼前的事，从关注身边的人开始。贵人就在身边这样的说法也许不够新潮，但永远不会过时。错失机会在很多时候恰恰是因为我们忽视了近在眼前的人和事。

适时减掉应酬和交际，给自己安静学习的时间。学习不仅限于理论，也包括从过往经历中总结经验。只有自己足够有料，积累了足够的优势才更容易进入圈子，甚至进入多种圈子。

忘记圈子。低头做事和交际并不矛盾，事情做对了、做好了，得到认可后圈子会自然形成。

总结起来，做减法的理由是，并不是所有人都能够成为圈子中的"有效因素"，因此许单单必须把每一分精力用在务实且可以真正创造价值的人身上，而不是一味网罗更多的人，组成一个无效的人脉圈。之前给投资人设立门槛，许单单也是出于这种考虑：既然是互联网的圈子，那么人就不能太多。如果人员太多，到最后三教九流，声音就不"纯粹"了，导致大家都不能好好交流。

这种减法在本质上体现了许单单式的实用主义。也正因为在人际交往上做减法，许单单巴结大佬的传闻甚嚣尘上。

可是许单单并不觉得这种实用主义有什么不对，在他看来，人脉也是一种珍贵资源，对待它必须像对待其他资源一样精打细算。应当去掉一切以攀附为目的的社交，重视交流与互动，同行业里最有智慧和资源的人打交道，让自己的优势和对方的智慧在贴身肉搏式的撞击中碰撞出价值火花。

许单单觉得自己并不是在"巴结"，他与所有人交往都是真诚的，真诚才是在职场人际交往中真正起作用的因素。因此，许单单给出了一些和大佬们打交道的建议：

跟大佬沟通很多时候靠的就是一个"机缘"。他们时间宝贵，因此你得有一技之长，这样你才能跟他们平等对话，既能从大佬那里获得建议，也能让大佬得到他们不太了解的领域的相关信息。这就有了底气，有了平等对话的资本。

大佬们早已阅人无数，火眼金睛，无论你出于什么目的在他们面前"装"都能被看出来。如果你装得自己很牛，那么他会认为你不自信。如果你一味拍马屁，他们会觉得你不真诚。倒不如自然一些，该是什么样就是什么样。

适度表达尊敬是真诚，适度表达你其实不是那么喜欢他也是一种真诚。 只不过一定要注意"适度"。这是一种做人的品质。

可以看出，许单单在做减法的时候，有两个基本前提：个人实力和分享。社交网站领英（LinkedIn）的创始人里德·霍夫曼（Reid Hoffman）对健康的人脉圈有自己的看法，他认为，在一个有效而且健康的圈子里，每个人都拥有与众不同的长处，并且彼此之间能做到交流与分享。这两个条件缺一不可。

拥有个人实力是创建有效圈子的第一前提。它包括3类：软资产、市场饥饿感、个人饥渴度。软资产是指个人当下已经拥有的资源条件。许多人正是从他们已有的资源中孕育出了未来的事业，这些资产不仅包括现金和一些传统资产，也包括知识、技能、人际关系、职业背景、声誉、个人品牌或是天赋等。

其实对于许多创业者来说，尤其像3W咖啡的3位联合创始人这样的年轻人而言，他们创业前大都没有多少资金，起步阶段也许只能通过众筹来解决问题。这样的创业者身上真正宝贵的恰恰是他们的智慧和名声以及天赋这类"软资产"。

3W咖啡的3位创始人走过的路也恰恰印证了霍夫曼的理论。

比如许单单原本是一名互联网分析师，工作期间积累了许多投资者的人脉关系，同时也对二级市场有了相当了解，而且许单单还有一项天赋，就是可以针对一项工作很快找到对的人。

负责拉勾网的马德龙，原本就是一名交互设计师，现在对于网站的运营和设计也是手到擒来。

3W的另外一位合伙人鲍艾乐同样是一个人脉资源颇为丰富的人，她的学习和开拓能力比较强，能与对方高效交流，而且在创业之前，她是国内知名门户网站出国频道的负责人。这也是后来鲍艾乐成为3W传媒业务负责人的原因。

市场是很残酷的。如果你的创意与技能不能在市场上找到饥饿点，就无法最终成为个人实力的一部分。

你的产品如何满足他们的需求？

他们是否真的需要你的创意？

你如何说服他们支持你的想法而不是其他人相似的想法？

这些都需要考虑。如果这些问题无法解决，那么创业就无从谈起。

个人饥渴度是个人对未来目标的态度。创业者追求什么就会产生什么样的行为。但是世界在不断变化，包括创业者自己也在不断地变化。随着他的经历、事业的发展程度的不断改变，他的资产、综合实力以及他对市场的理解都会发生变化。这些变化最终会影响个人追求，也许让它变得更好，也许变得更坏。

因此，无论是创业也好，做其他事也好，接受变化，甚至接受不确定的未来都至关重要。

在资产、市场和个人需求都具备时，还要懂得如何组合这3种资源。

霍夫曼把个人实力的这3个组成部分称为"能力拼图"。他认为只有在事业发展的每一个转折点都将这3块拼图完整地拼接在一起才能够让个人实力得到充分发挥。从3W咖啡馆的几次转折历程来看，无论是3位创始人决定从兼职咖啡馆经营转向全职投入，还是决定创立拉勾网，他们都充分考虑了"能力拼图"。

拼接三者实际上就是让资产、市场需求与个人追求之间协调共进，其中如果有一项不到位，就有可能拖垮另外两项。当然，到最后我们需要承认一个事实——妥协是必需的。3W咖啡的创业机制形成了自己的特点，这也是向市场妥协后的结果。

建立有效圈子的第二个条件是分享。根据社会传播学的理论，正是交流和互动行为本身定义了你和其他人的关系。你与他人的交流活动决定了你们之间的关系需求。

分享也是3W咖啡创建的初衷，这一初衷一直以来从未变过。无论是3W咖啡本身，还是3W里创业的人，都有一个共同的"互联网"标签，而且彼此之间并没有明显的边界。在这里，小公司里出来的人也许正在向成为大佬的路上狂奔；原来在大公司的高管也许现在正体会重新开始的艰辛；门口走进来一个不起眼的人也许转身就是一个行业先锋……无论背景如何，这里的人在充分的交流与分享中可以得到不同层面的持续影响，形成一种创业的氛围。

鲍艾乐相信，在这样的氛围里，一些想法就会自然产生。同时，这样的氛围也会吸引越来越多的人。

像挑对象一样选合伙人：N 次大吵，N+1 次和好

鲍艾乐是 3W 的 3 位创始人当中唯一的女性。起初，创业对于她来说风险太大——只有脑子烧坏了才会想去创业。这可能是因为她当时在腾讯有一份稳定的工作。在以后的许多场合里，鲍艾乐都提到了自己的腾讯情结。事实上她就像是从"腾讯大学"里毕业的学生一样，借着 3W 咖啡的运营对腾讯的文化做出了自己的诠释。

鲍艾乐对腾讯的最初印象来自当年毕业时见到的腾讯校园招聘标语：在好玩的地方实践梦想。

这句话里最打动鲍艾乐的不是"梦想"，而是"好玩"。这个词让鲍艾乐自行脑补了互联网公司自由宽松的工作环境。对于许多初入职场的毕业生而言，那是对工作最初、最朴素的向往，但谁说这不是梦想的开始呢？

受到标语感召的鲍艾乐用了一年时间去了解与自己 4 年的专业学习并不相关的互联网市场运营和策划，最后如愿进入了腾讯出国频道工作。她开心得不得了，工作起来激情四射。她说："腾讯是马化腾的，但那个时候我觉得腾讯就是我的。"

那是 2008 年，鲍艾乐的人生规划里还没有"创业"二字，所以当朋友找上门来邀请她一起创业的时候，她是拒绝的。那时的鲍艾乐就像是一个登上了最先进航空母舰的新兵，眼前有资源、有未来，身后又有保障，这时候的她根本无法想象自己离开航空母舰换到一艘独木船上去生活——那可能会让她搭上身家性命。

可是她并没有在腾讯大航母上待太久，两年后，她就离开了。她从来没有太多解释自己选择离开的原因，也许是因为未来太过清晰反而让她失去了兴趣。离开后，鲍艾乐加入了腾讯离职员工群，正是在那里，她遇到了许单单。

关于二人的相识，许多媒体倾向于认为鲍艾乐是那个主动搭讪的人。不过说实话，在QQ群里说上一两句也谈不上谁主动搭讪，一切无非就是礼貌。事实上，鲍艾乐作为新入群的人，和许单单打过招呼之后就再也没有联系过。

大约半年以后，那时鲍艾乐在搜狐负责出国频道，有一天她发现自己被拉入了一个微信群，那个叫许单单的人说要开一家众筹咖啡馆，正在招募合伙人。这是鲍艾乐接到的另一次创业召集令。可能是"咖啡馆"3个字流淌出的文艺情怀一下子击中了鲍艾乐，这一次她主动参与了进来。

离开腾讯后选择创业的人很多，优质的创业项目也不少，可鲍艾乐谁都没有选，偏偏选择了许单单和他的咖啡馆。而且对于创业一向敬而远之的她，竟然还选择了这么一个开十家赔九家的咖啡馆项目，她的许多朋友都对此感到十分诧异。当时鲍艾乐可能也没有考虑多少关于创业风险的事，她只不过和许单单一样，也想拥有一家属于自己的咖啡馆，下班后可以和朋友、同事乃至同行们无拘无束、自由自在地沟通交流。3W咖啡取得今天这样的成就是他们谁都没有想到的。

开咖啡馆也许真的是脑子被烧坏才做出的决定，不过这就是白羊座的冲动与热情，认准了目标就迅速行动。因为这个决定，鲍艾乐对于未来开始有了不一样的期待。在一次接受媒体采访时，她提到了自己当初决定加入3W创业团队的理由——未知与野心。所有具备冒险精神的人都在担心一件事：未来一成不变。对他们来说，当未知与不确定性消失的时候，安全感也随之消失。因此他们需要挑战，对未来总是充满野心。这种野心是对自己所做之事的执着，除了这件事什么都不必考虑。

3W咖啡的3位创始人都是这样。很多时候，遇到什么样的人，能与什么样的人交流合作恰恰取决于你所做的事情。正如鲍艾乐所说，当时创业是事情选择了人，你清楚地知道自己想做什么样的事情，自然会遇到那样的人。

许单单和马德龙同样出身腾讯。在鲍艾乐看来，他们3个人从同一家母公司"spin off"（脱离），浸染过相同母公司的基因，这让他们不论在"从横向上还是纵向上，都维持着一种有益的关系"。也正是这种关系让他们结成了一个牢固的圈子——他们的背景与创业的项目相符，并且对事业的认知和对未来的趋势判断一致。

其实，创业能否成功，将来要怎样，大家仍然不确定。许单单说，那时候大家就像是瞎子一样，懵懂地碰到一起，然后一起懵懂地走着。不过，3个成员之间有相投的志趣，对于合作都怀着美好的期待，这是毋庸置疑的。

这就是选择合伙人的第一步：就像相亲那样看眼缘，一见钟情，对彼此共同参与的未来充满期待。 也许很多初创团队与鲍艾乐他们一样，因为共同要做的事情偶然地走到了一起。其中有些团队一路磕磕绊绊地走了下去，也有一些走着走着就散了。鲍艾乐一度以为他们要散了，因为她和两位男士之间似乎有吵不完的架。

许单单和马德龙眼里的鲍艾乐很独立，同时也很强势，有时候甚至过于着急，鲍艾乐却觉得两个大男人行动太慢；有时候他们认为她的问题出在"因为是女生",但以鲍艾乐的性格她绝对不愿意听到这样的话,对于说这话的人百般排斥。

吵得最厉害的时候,鲍艾乐和马德龙彼此都不想看到对方。那种情形下,一向乐观的马德龙恐怕也是崩溃的,而远在美国的许单单对于这俩人的矛盾也是爱莫能助。但等到他回国,鲍艾乐和马德龙不吵了,变成了他和鲍艾乐吵。

许单单在回顾那段时期时,只是不断地说:太艰难了,太艰难了。这是创业者们会遇到的典型问题,也是合作的第二个层次:冲突产生,总是有不同意见,总是不相融。大到未来的发展,小到眼前的事务,你总在试着说服对方,对方也总在试图说服你。道理讲了许多,却依然各执己见。

这种争吵也许可以归因于创始人之间性格不合、办事风格不搭、对未来的规划不合拍,甚至是创业理念在根本上不同。许单单他们也曾经这样想,但经过一件事之后,他们发现原来争吵还有另一种原因。

那是一次项目讨论会,马德龙提出了关于项目的一些看法。鲍艾乐紧接着提出了自己的想法,然后两个人一如既往地开始争吵,各自维护各自的立场和判断。可是,吵到最后他们发现,彼此的方案其实没有本质上的不同,只是表述的方式不一样而已。

那为什么会吵架呢?

因为他们都太急于表达自己的看法,当对方在表达自己的时候,他们都没有认真听而是急于用自己的想法去征服对手。这可以理解,原来都是大公司里拿着高薪的负责人,手下多多少少也带过几号人,他们习惯了让别人听自己的,习惯了以自己的意志为主。创业时,他们忘记了放下自己，甚至在沟通之前就预设了对方的立场。这在任何沟通场景中都是大忌。

那次的讨论会对于3个人来说可谓是一场醍醐灌顶的思想洗礼，直接将他们的合作引入了第三个层次：聆听与包容。鲍艾乐说，从那以后他们学会了如何让对方的声音先进入自己的心里。一向性子急的她也学会了在关键时候提醒自己冷静。如今3个人依然吵架，但再也没有想过分道扬镳。哪怕已经闹翻了N次，也会在第N+1次和好。

对于创业团队来说，这种抱着沟通目的的争吵未必是坏事，有时候反倒是解决分歧的最高效方式：**关起门来，把问题摆到桌面上，哪怕吵到有人掀桌子也罢，问题最后一定会得到解决**。就像阿里巴巴刚刚成立时，马云也和大家吵，有问题当面吵，吵完之后方案也有了，各回各的办公室，各自执行。

这就是创业圈子，因为相同目标走到一起的人在彼此的不同中互相激励，共同成长。鲍艾乐对这个过程有一个形象的比喻：就像结婚一样。

如果说在3W咖啡的发展中，许单单、马德龙、鲍艾乐的合作解释了什么叫志同道合，那么还有一些人就解释了什么叫"道不同不相为谋"。比如，在刚开始准备开咖啡馆时，很多人都热情高涨。许单单记得当时有十几个人一起成立了3W筹备委员会。

那个时候，每个人都对咖啡馆的事怀抱着十二分的热情。根据分工，有人负责想点子，有人负责记录，有人负责成本核算，等等。但经过一段时间后，有些人就不再参与筹备委员会的工作，这并不是因为原则性问题或是根本性的意见分歧，而仅仅是由于一些琐碎的日常工作，比如跑场地。

许单单后来回忆说,大家每天下了班就往中关村跑,看看那里的咖啡馆,顺便在那里开会、取经。就这样利用业余时间跑了两个月之后,大家都觉得很痛苦。人们说创业维艰,这种艰难包括管理、资金、战略等,但更多时候也就是这些小的困难在一点点消磨着人的意志。哪怕就是两个月的时间,每天不断地看场地、走路、选择,也会让很多人的热情消退。

在这种情况下,那些真正志同道合的人会为了共同目标坚持下来,想法不同的人就退出了。最后,3W筹备委员会只剩下了3个人:许单单、马德龙和鲍艾乐。事实证明,志同道合的人总能一起走到最后。

把创业当副业是在耍流氓

马德龙在许单单的眼里是一个心胸宽广而且温和的人,但在他宽广的胸膛里装的是一颗并不温和的"野心"。拥有适度的野心并不是什么坏事,马德龙觉得自己生命中的每一次成长都是由这份野心驱动的。这种驱动力可能在那些毫无背景、白手起家的创业者身上表现得更为明显。

马德龙和另外两位创始人一样来自小地方。他考到北京后的第一次野心爆发是想得到一台电脑。可那个时候他穷得叮当响,根本没有足够的资金支持他的野心,于是他找室友合资买了一台586电脑。这份最初的冲动,可能只是因为一个农村来的年轻人从来没有见过新奇的高科技,所以猎奇、探索,充其量也只不过是一份好奇心。但正是这份好奇让马德龙打开了通往互联网的大门。

他的第二次野心,是想拥有一部手机。据说他通过一个月的勤工俭学,挣了2800元给自己买了一部翻盖手机。这一次野心,让他体验到了"信息"带给他的乐趣。

第三次，他的野心颠覆了他的"三观"，带他走进了互联网世界——进入腾讯工作。当时的腾讯自然不是今天的样子，尽管面对许多不确定，马德龙还是毅然决定投入到对未来、对未知的探索中去。他相信："**越是未知的世界，越能帮助人成长。**"

其实那些具有创业基因的人，并不是因为他们真的对未来看得有多么透彻，很多时候恰恰是因为他们看到未来充满了不确定性，因此激发出征服未来、征服那种不确定性的欲望，这也可以称作勇气。

马德龙的确很有勇气，在3W咖啡这件事情上他是最早从原来的公司辞职而后全职加入的。如果说年轻人创业是因为原本就一穷二白所以没有什么可以失去的话，那么对于马德龙这样已经在事业上有所成并且有妻室的人来说，辞职创业并不容易。毕竟已走上事业的"小高峰"，一下子放弃一切，无论从个人还是从家庭角度来说都需要考虑更多的问题。这或许也是最初没有一个人全职经营3W咖啡的原因。而且，马德龙自己是做交互产品出身，对咖啡馆经营完全是门外汉，最重要的是经营3W咖啡和他对于自己未来的职业规划并不完全一致。他一直想做VC（风险投资，也指风险投资人），开咖啡馆能让自己成功转型成为VC吗？

在这一切问题的答案都还不确定的情况下，马德龙能成为辞职的第一人，是因为许单单说了几句话。许单单并没有对他讲大道理，而是简单直接地替他把问题的答案都变成了肯定。

"你先来这里试试看。你想做VC，咖啡馆里来的都是CEO，VC还少吗？你在这里做，可以和他们沟通。3W咖啡就是个大平台，到时候会有人抢着要你。因为这个社会就是这样，你有点经验，有点名气，有点资源之后，大家就认你了。"

2011年10月，马德龙辞职。

第二个辞职的是鲍艾乐。她是真心不愿意辞职，所以许单单劝了她很久。鲍艾乐是白羊座，这个星座的人有冲劲，也敢冒险，劝说他们要用"取得法"，就是要告诉他做这件事能获得什么。因此，许单单这样跟鲍艾乐说："你做了这么多年，现有的工作已经做到顶点了。3W咖啡就算不好的话，你再回头去做同样的工作也可以找更好的公司，任更高的职位，拿更高的工资。"就这样磨了半年，2011年最后一天，鲍艾乐离开了原来的公司，2012年元旦假期结束后，她成为第二个全职经营咖啡馆的人。

许单单作为3W咖啡的发起者，反倒成了最后一个全职经营的人。因为最初他觉得自己没有全职经营的必要，毕竟他对自己的定位是3W咖啡的战略和品牌规划人，全职不全职其实意义不大。马德龙和鲍艾乐一个负责市场，一个负责投资，涉及的工作更加实际一些，再加上3W咖啡在发展过程中业务不断增加，遇到的问题也越来越多，这个时候的确需要他们两个花更多的精力在运营上面。

但是2012年2月28日，许单单也辞职了，并不是因为负责的事情发生了变化，而是因为"上帝敲了他的脑袋两次"。这件事要从他和杨向阳的交往开始说起。

2011年7月，许单单为3W咖啡的深圳分店选址，通过朋友的引荐，他认识了清华企业家协会会长，也就是3W的股东之一杨向阳。这是一位低调的资深互联网从业者，在业界备受尊崇。他对3W咖啡的模式非常认同，在交流中听说许单单只把3W咖啡当作副业，还是想专门做互联网分析师之后，他对许单单说："**上帝不会敲一个人的脑袋两次，但**

是他敲了你两次，你却不知道珍惜。" 这话的意思是：你十分幸运，却没有把握机会。

在杨向阳看来，互联网行业中一直以来都没有人能把人和资源圈起来，但是许单单用一家咖啡馆把这件事做起来了。杨向阳认为，这是一件十分有利于"国家未来"的事。因为3W咖啡可以真正帮助创业者，尤其是年轻的创业者。一个国家有足够多的年轻人充满热情地去创新、创业，那么国家的未来就好了。他对3W咖啡的认识可以说是最有高度的。

这番话惊醒了许单单，无论他对自己、对3W咖啡的认识是否能达到如此境界，但他至少明白这件事情值得自己拼尽全力去做。所以，他在2012年2月28日也辞职了。至此，稳定的三人创业组合形成了。虽然一路上经历了低谷，遇到了许多他们想都没想过的问题，但他们还是顶住了压力。

辞职是一件冒险的事，辞职创业更是险中之险。在做决定之前必须考虑清楚一些事。

第一点，生存问题，不仅仅是自己的生存，更包括家庭的生存。许多人觉得创业危险，是因为创业后有可能在很长一段时间内没有任何收入。所以，创业前应该充分与家人沟通，问问家人可以承受多久没有收入或仅夫妻一方有收入的日子，配偶是否做好心理准备独自承担家里的经济开支。

第二点，凭你的能力可不可以做这件事。不要以为你对自己很了解，很多人创业失败的原因就在于没有清楚认识自己的特长，比如技术型理工男创业后需要做市场推广，可是他对此根本不擅长。合伙创业可以在一定程度上解决这个问题，但也意味着你需要对自己的创业伙伴的能力进行考察：他们是否各有专长，可以弥补你在某方面的能力不足？

其实许单单并不是一个适合当 CEO 的人，他很清楚这一点。所以他现在的职位是"董事长"，因为他更擅长战略。至于具体的战术和管理，则是马德龙的强项。在许单单看来，马德龙做产品出身，眼界宽，在具体的执行上肯定比自己更有优势。在这两个性格都偏温和的男人背后是风风火火的鲍艾乐。"她一直带着团队往前冲。"许单单说。

除了考虑在性格和能力上 3 个人是否互补以外，还需要考虑第三点，创业伙伴是否拥有与你相同的价值观？是否与你志同道合？他们是否都有自己专注的领域，能够尊重彼此，互相信任，不会互相干涉？

关于这一点，还有一个小插曲。当时为了方便股东资金转账，许单单和筹备委员会设立了几个银行账户。没有想到的是，由于大多数股东都在使用某一家银行的借记卡，因此其中一个委员的账户里集中了 2/3 的资金。这位委员为此心神不宁，担心自己手上拿着这么多钱会产生经济纠纷，总是担心被他人诟病公款私用。所以每次许单单他们需要资金来租店面、付装修设计费用的时候，这位手握财政大权的委员都要求律师在场以证明这钱并不是他胡乱花掉的。这样当然会耽误很多事。

如果合作伙伴之间没有足够的信任，大家的劲儿就无法往一处使，最终影响的是整个项目。

最后一点，万一失败了怎么办？这个问题可以换一种说法：你的创业项目是否能让你升值，它值不值得你冒险，你走的每一步是否都在为将来做积累？

丰满的梦想必须面对骨感的现实，3W 创业团队其实并不是一穷二白、从零起步，而是源于腾讯系，前期就已经储备了丰富的经验和资源，属于"根正苗红"的互联网人。当然，他们能够走到今天并不是完全依附资源，创始人的学习能力、工作能力和影响力，他们的团队、他们的领头人才是最根本的决定因素。

第二章
要卖咖啡，还是要入口

📶 给足理由，传播链会自动延伸

苏州街是北京海淀区的一条商业街。这里曾是乾隆皇帝为皇太后庆祝七十大寿，仿照江南街景修建的一条苏式商业街。当时人们叫它"买卖街"。200多年过去了，这里已经不复当年。随着中关村科技园在这条街东面兴起，这里逐渐成为智慧头脑聚集的地方，也成为财富汇聚最快的地方。3W咖啡馆最初就开在这里。

2010年12月27日，3W咖啡馆的官方微博发布了咖啡馆选址落定的消息，地址在苏州街立方庭大厦底商。那天许单单的心情不错，微博言辞间流露出热情与活力。

2011年8月6日，立方庭的3W咖啡正式营业。那是一个门脸很小的咖啡馆，200多平方米，对于咖啡馆来说并不大。当时的店铺招牌是3个"W"的抽象连接，并不显眼，旁边经过的人也许很难注意到它，反倒是店面的大落地玻璃上满满的互联网公司LOGO更加醒目，向人们昭示着这是一家与互联网有关的咖啡馆。

把咖啡馆与互联网联系起来是3个人最得意的地方。许单单甚至觉得这种模式是对咖啡馆行业的彻底颠覆，就像《三体》小说里高维文明对低维文明的攻击一样不留余地。他们出身互联网，掌握的几乎是人类最高级的生产力和最先进的思维方式。他们发现，在工业4.0时代，传统的实体咖啡馆却依然使用着工业1.0时代的运作思维。所以，这3位在互联网世界里"俯视"一切传统行业的年轻人准备用先进改造落后，用他们的互联网思维来运营咖啡馆。

在接下来的很长一段时间里，鲍艾乐动用了所有的人脉资源，在3W咖啡馆里举办了许许多多互联网界的活动：请来技术高手、行业大佬分享各类干货，畅谈各种经验；帮互联网创业者做创业对接；帮新兴企业搞活动、做宣传……他们把咖啡馆的"互联网"主题发挥到了极致，这也完全符合创办时的初衷——这是一个互联网的圈子，是行业交流和分享的地方。

许单单将之视作3W咖啡馆与传统咖啡馆最大的区别，也是最有特色的地方。这种特色的确改变了传统咖啡馆门可罗雀的境况。由于大量优质、专业的沙龙在这里举行，行业领军人物在这里频繁出没，3W咖啡馆成为行业内最有名的活动地标之一，名气日盛，《新闻联播》对它进行了报道，创始人也被冠上了"创业英雄"的名号。

如今的 3W 咖啡为人津津乐道，旗下的拉勾网在互联网界更是无人不知。无论此前争议有多少，人们都承认 3W 咖啡将营销做到了极致。这种极致并不意味着许单单和马德龙花费巨大，而恰恰因为他们几乎没有花多少钱，却将自己的产品做到了无人不知：3W 咖啡成立之初并没有在广告上花一分钱，直到为了宣传拉勾网才第一次投放广告。这次广告的宣传语"互联网招聘上拉勾网"几乎成为业界的口号，但一年也就花了 30 万元的营销费用。这个数目在动辄以百万计的互联网营销界来说，不过是毛毛雨级别。

能做到少花钱多办事，还是因为许单单等人抓住了咖啡馆的特点。如果用互联网时代的产品理论来分析，咖啡馆的忠实消费者是典型的"产品型社群"。中欧商学院的李善友教授在自己的《产品型社群》一书中提出，产品型社群是互联网时代的生存方式。优秀的产品连接用户，在这种社群中，产品由承载具体功能转向为承载情感和趣味。

作为互联网圈子，3W 咖啡馆无疑承载了社群的情感和趣味。事实上，从开始筹建到最终成立，它都十分符合互联网时代社群型产品的特点。

首先是传播的去中心化。互联网时代，一个善于运用社会化媒体的人才可能实现最大范围的传播，引爆流行。许单单在成为今天的许单单以前，就是草根，虽说有一定人脉，但毕竟缺乏知名度。不过，他知道如何通过社会化媒体形成高效传播，运用已经具备相对"弱关系"的事物来进一步形成新的圈子。

许单单选择了微博。他在后来不止一次地提起自己如何通过微博或是微信寻找到两位合作伙伴，也常常通过微博号召大家为咖啡馆投资。尽管每一次的细节多有不同，但社会化媒体的运用无疑是今后一切故事的真正开篇。

那时微博正处于发展的上升期,用户数量和质量以及活跃度都处于最佳状态。传播的"风口"很重要,换作其他任何时候微博都不可能有如此的效果。

其次是关注。许单单微博好友中有一些关键人物,比如徐小平、杨向阳。在互联网时代的社交网络中,这种关键人物的作用都将被放大到极致。

1992年,牛津大学进化心理学教授罗宾·邓巴(Robin Dunbar)就提出了对如今的社交媒体营销影响深远的"邓巴数字",即人类受时间和精力的限制,每个人最多只能与150个人保持稳定的社交联系,其中约20人可以成为深度交往的人物。这20人是"强关系",其余的则是"弱关系"。

在互联网出现以前,"圈子"里人与人之间的连接无论强弱都是现实的。进入互联网时代,尤其是移动互联网时代,"圈子"的形态发生了改变。现实中的人际关系渐渐弱化,线上虚拟的"圈子"成为人们社交的重要领域。

这当然与现代人越来越信赖社交媒体有关,不过社交媒体并没有在本质上改变人们之间的交往关系。

网络上的强关系,往往是人们对现实圈子的复制。无论是微博、微信还是人人网等社交平台,人们首先选择的是将自己在现实中的圈子拉入社交平台。正是因为在"虚拟"的网络环境中,人们才更渴望通过"真实"的关系属性来为自己营造安全感。这是社交平台上的第一层圈子。

进入某个人的强关系圈子后,自己原有的圈子与新的圈子会产生一部分重叠，因此不同的圈子不断交叉，原本完全陌生的两个人，通过圈子的交叉产生了较弱的联系；原为泛泛之交的两个人则通过这种交叉加强了联系，这成为第二层圈子。以此类推会不断产生第三层，甚至第四层圈子。也就是说，一个人的强关系圈子为他衍生了更多的弱关系。比如许单单微博里的徐小平等人的圈子交叉的影响，令许单单迅速获得了60多位股东，这60多位股东在微博上的传播进一步为3W咖啡馆拉来了更多的股东，随之而来的更多关注迅速推高了它的关注度和知名度，于是最终我们发现这家咖啡馆在还没有出现实体之前就得到了广泛的传播。

在这场传播中，我们并没有看到哪个是主导的中心点，所有人都是中心。

所以，永远不要忽视自己的社交圈，弱关系的影响力往往比你想的更大，更有力。许单单微博上的人际关系网甚至帮他解决了一个万分棘手的问题。

3W咖啡发展到后来准备在深圳开分店，但是在店面装修的时候，包工头收了钱却不给供货商结算。这些事情原本可以通过法律途径解决，但许单单怕因此延误开业时间，因此只能一再忍让与对方谈判。结果有一天晚上，包工头竟然带着人到店里闹事，当时远在上海的许单单在微博上发了一条消息吐露自己遇到的困难。没想到他的微博里有一位粉丝正好在深圳某公安局工作，于是警方迅速介入，深圳分店的事才没有恶化。

可见，弱关系的连接属性也许并不明显，但依然能为你网罗大量的社会资源。不过，如果这种弱关系没有办法转换为实际的交流，再转化为强关系，那么它就只能是一个"备用"的资源，无法创造更多价值。

兴趣、情感等"共同点"可以使弱关系向强关系转化，这是咖啡馆作为互联网时代社群型产品的第二大特点：产品不再单一通过功能吸引用户，它更多地通过兴趣点和情感聚集人群，最终形成社群。"咖啡"是咖啡馆的功能，但什么是3W咖啡馆所承载的兴趣和情感？许单单选择了"互联网"和"圈子"这两个关键词。

他一再强调自己的咖啡馆与互联网圈子的关系，目的是通过这种定位先聚集一批有相似背景和相同志趣的人，使社群成员因为彼此的共同点形成交流。强关系意味着虚拟的线上交流会向线下转换，形成创造力，最终对现实社会产生影响。

这其实就是小米手机一直在强调的参与感。

3W通过一家咖啡馆将互联网同行们圈到了一起，以社会化传播媒体为参与平台，对自己人脉网中的强关系与弱关系不断地进行转化，最终实现了传播。总结来说，3W咖啡馆先通过构建社群来聚集用户，再构建产品，这也正是小米的经典做法。

不过，作为咖啡馆，3W在建构社群的过程中拥有互联网时代其他形式的产品并不具备的天然优势：

一是能够先定位自己的核心消费者，找到自己的天使用户。小米通过手机论坛找到了最初的100位发烧友，而3W咖啡则是通过互联网人士的刚需——交流与活动的场地——找到了投资人。这些投资人是3W咖啡的股东，也是3W咖啡馆最初的用户和粉丝，他们宣传自己投资的项目自然不遗余力。

二是通过各种交流活动来沉淀通过互联网连接起来的社群关系，强化社群成员的意识，建构所谓的"参与感"。3W咖啡开业后，社群成员间的互动才真正开始。所有的经营活动都围绕核心人群展开，这是咖啡馆在互联网时代天然具有的优势：天然地与自己的用户有最直接的接触，随时可以在交流中得到反馈。

但是，聚集社群容易，产生传播不容易，要让传播产生预期的影响力更不容易。这需要一些其他的关键条件。

要实现社群的传播，就必须给出传播的理由，3W咖啡给出了下面几个理由：

第一，打破常规的产品和服务，新鲜的东西最容易得到传播。

无论是最初的互联网人众筹建咖啡馆，还是后来在招聘市场上树起垂直招聘的大旗，3W都在走一条别人没有走过的路。3W拿出的产品也总是出人意料。拉勾网的做法出其不意，也许用人单位会对这样的新鲜举动产生不满，四处抱怨。但3W不怕，在3W的创始团队看来这种类型的负面影响实际上起到了正面的传播作用。这是3W出其不意之处。

第二，超越期待的体验。就是说产品提供的服务和功能必须真正好用，并且能满足甚至超越用户的期待。

第三，彰显自己的身份价值。这是圈子互动背后的心理：刷存在感，刷认同感。为什么人们愿意在社交网站上传播自己的旅行经历，传播自己拥有的名包，传播自己坐在咖啡馆里的小情调？因为这会调动围观者的情绪，以彰显传播者的自身价值。人性是趋利的，行动如果无法为自己创造物质或精神层面的价值，人们就失去了行动的动力。

第四，合适的场景。许单单认为，如果一件产品在具备了所有让用户传播的理由之后，却没有创造一个适合传播的机会，那就会功亏一篑。他举了大朴网的例子。大朴网是一家专门做纯棉纺织品的电商，用户主要是女性。大朴网的产品很好，用户的反馈也很好，其传播却遇到了问题。

因为女士们在大朴网上购买了内衣，却没有办法主动告诉其他人"我买了一件内衣"。这是非常私密的话题，人们通常不会主动提及。也就是说，用户没有机会对自己钟意的产品进行广泛传播。

大朴网于是为用户传播创造场景：如果某个小区里有大朴网的用户，那么公司就会在这个小区投放电梯广告。于是有了这样的场景：一名曾经在大朴网上购物的用户和自己的邻居一起乘坐电梯，这时她看到了电梯广告，会说："我在这家店买过东西，还不错。"

这就是为用户创造传播的机会。

传播要产生影响力，必须深入用户的场景去考虑，打造极致的产品。即便在功能上无法实现本质的提高，也要在玩法上出其不意，打破常规。通过极致的产品形成口碑后，需要为用户创造传播的条件，同时让他们觉得传播产品是有意义且有价值的。

3W 首先是咖啡馆，互联网当形容词

3W 的名气很大，但是并没能让它解开咖啡馆的魔咒——亏损。

许单单和伙伴们发现，咖啡馆马上要倒闭了，原因是房东对他们说，如果再没法按时交房租，就要断水断电。

一时间，所有的光环都暗淡了。许单单翻了翻账本，发现上面一片赤字。3W 咖啡馆当时的核心收入来自沙龙活动的门票，一场活动下来可以赚几千元钱，但其他的企业对接、活动讲座都没有提成可拿。另外，咖啡馆的真正客人并不多，一天下来也没有几个，零星的几个人只是点一杯咖啡坐上一整天，这是咖啡馆消费人群的普遍特征。坐在咖啡馆里聊天的其实大多是股东或投资人，他们在这里和创业者们谈公事。

3W咖啡馆的收入很低，开支却不少，立方庭的房租很贵，加上水电、人工成本，亏损成为必然。

其实这种亏损的状态在开店的时候就已经有了预兆。当时三人给咖啡馆做的开店预算是39万元，但在真正启动时，这点资金根本不够。仅仅办消防证一项就花掉了十几万，再加上"高贵"的咖啡机、咖啡豆以及各项装修的费用，足足烧掉了200多万元。

任何项目预算都存在合理范围内的误差，而200多万元与39万元之间的差距显然谈不上是正常的误差范围，这反映了经营者对于自己事业的无知。许单单等人对于咖啡馆经营完全是门外汉，连成本都不知道应该如何核算。其实除了亏损外，不断出现的经营管理上的琐事也在磨损3个人的创业热情，比如服务员不断流失，客人总是抱怨东西难吃、服务不好……

为了改善经营，3人由原本的兼职转向了全职，将全部精力都放在运营上，希望改变咖啡馆收支失衡的问题。他们想方设法举办各种活动吸引客人，甚至想过要把3W咖啡打造成一个NGO（非政府组织），或是专门为创业公司提供服务的公司。总之，他们想通过不断增加3W咖啡的价值来吸引客流，但这一切都没能解决问题。

鲍艾乐说，那阵子是她和许单单、马德龙整天"穷开心"的时候。因为咖啡馆没有生意，所以他们经常到外面的大街上无所事事地晃荡。许单单一向沉静，那时候倒也看不出什么情绪起伏。变化比较明显的是马德龙，他原本阳光，那段日子却变得不再爱笑。在鲍艾乐脸上也看不到太好的表情。

这时候许单单才意识到，任何行业都有其独特的经营规律，他最引以为傲的 3W 咖啡馆的互联网特色以及由此产生的名气，不足以让他们把咖啡馆梦想支撑下去。

总而言之，3W 之所以出现这些问题主要还是因为在开始时就没有想清楚自己的盈利模式，这直接导致了后期在经营上的分散。这个问题恰恰也是许多创业者最容易忽略的。

许单单承认他们一开始的确没有想好好经营咖啡馆，直到后来发现撑不下去了才考虑要把它当作一项生意来做。但是，那个时候他们还没有想到问题的本质，因此那时候的坚持属于"瞎坚持"。因为"瞎"，所以迷茫。

那时的痛苦让许单单不堪回首，甚至痛苦到如果再来一次的话，他打死也不再做咖啡馆了。但是当时他和两位伙伴还是选择了坚持下去，一是为了自己的创业梦想，二也是为了 100 多位股东的投入。无论是对自己还是对股东，他们都想有个交代，不能就这样不明不白地倒了。

没有翅膀就要努力奔跑，何况他们拥有这么多股东的支持和期待，有什么理由不坚持？正是这种素质让创业者成为胜利者。很多事情坚持的时间够长就成功了。压力必然是有的，许单单他们减压的方法就是不断地思考，想更多事，也做更多的事。因此他们每天一早就来到咖啡馆，待上一整天，一直到晚上 11 点多打烊。就算只是待着，不知道应该做些什么，他们也会觉得这样会让自己压力小一些。

就这样迷茫了一段时间后，有一天，一位股东说了这样一句话："你们一直要开一家咖啡馆，但是你们没有人在好好经营咖啡馆。**如果说 3W 是一家互联网咖啡馆，那么互联网应该是那个形容词，咖啡馆才是作为中心语的那个名词。但你们现在只做互联网，重点错了。**"

这句话就像暴风雨一样清洗了许单单的大脑，让他意识到自己错得多么离谱。

当时，他们满脑子都是"要做一个互联网的圈子"，为互联网创业公司服务，要把这个圈子做成一个品牌，因此不断地为这个品牌加注价值，却忘记了品牌是建立在"产品"基础上的。咖啡馆就是那个"产品"，是品牌的心脏。如果它倒了，其他的想法也实现不了。

许单单站在3W咖啡馆里重新审视这家店，这是他第一次真正把3W当成一家咖啡馆来看待。眼前的一切都不一样了，一切都错了。

首先，作为咖啡馆，这里的咖啡难喝，简餐也完全谈不上美味。

其次，3W的装修真是有愧于"咖啡馆"这3个字。咖啡馆装修最重要的是体现情调和风格，展现出与众不同的个性。3W不仅没情调、没风格、没个性，而且简陋到连主人自己都嫌弃。鲍艾乐至今还记得，当时店里的洗手间下水道不通畅，每到下午，一股浓郁的下水道味就会顺着地板爬到客人的桌上。

再者，选址。200平方米的地方可以开一家什么样的咖啡馆？一个经验丰富的店长会说："一家文艺范儿十足的个性小咖啡馆。"可是许单单说：做一个互联网行业的"据点"。这就是有经验与没经验的差别。要做"据点"，意味着这里承载的功能更多，后期会拓展出更多的服务，要做活动、供人交流的话，200平方米还不够。

就算单纯以咖啡馆的选址来说，立方庭的位置也并不理想。一是人流不足。3W咖啡所处的位置其实属于次级街道，本就人流不多。当然次级街道也不是完全不能引流，只不过位置并不是人流必经的地方，因此很难有客人会到店里来。二是街口有几家实力不俗的咖啡馆，对顾客有很强的拦截能力。3W 咖啡馆的位置处于下风，生意自然也就处在下风了。

作为 3 个非专业人士，他们的确不懂得如何经营。在经历过种种跌宕起伏之后，他们才终于认识到，3W 首先应该是一家咖啡馆，它的环境、设备、形象需要和自己对于未来的规划相一致才行。许单单决定马上转变做法，于是做出了 3W 咖啡发展史上的第二个重要决定：我们搬到中关村创业大街去。

站在风口，猪其实很迷茫

中关村创业大街其实并不是一条街，它的前身是海淀图书城，入口就在今天的京东奶茶馆。这里的几幢大楼里原本都是图书商店，曾经也人潮如织。后来，图书市场发生变化，书店几乎全部退出。原本的空间被新兴的科技创业公司取代，这里成了创业者聚集的地方，著名的创业咖啡馆车库咖啡就开在这里。在那以后，人们就把这里称作"创业大街"。

从知识的聚集地变成智慧的汇集地，这条大街见证了时代的变迁。

许单单决定到这里来，当然是因为这里对创业公司有房租优惠，可以给他们节省很多资金，还有一个更重要的理由是，这里的互联网氛围很浓，进进出出的大多都是互联网从业人员或是互联网创业者。3W 咖啡不正是要为这样的人提供交流场所吗？

把新店选在这里，客源就比原来的立方庭好多了。不过许单单需要解决的最紧迫、最棘手的问题是资金短缺。他面对着一家快要倒闭的 3W 咖啡馆，不缺乏思路，缺钱。没有钱，所有的思路都无法落地，但是现在谁会愿意给他们的咖啡馆投钱呢？

毕竟交情归交情，生意归生意，一门看起来注定亏损的买卖是无法说服投资人再拿出钱来的。他们也都是精明的商人："我不想投咖啡馆，谁都知道投资咖啡馆不赚钱。再加上你们根本就不是经营咖啡馆的料。"

　　许单单必须证明咖啡馆依然有价值才行。于是3个人碰在一起琢磨了许久，发现这两年下来他们最有价值的东西就是3W的名气以及被3W这个品牌聚拢起来的用户。于是许单单拿着他们仅有的家底去和投资人谈判："我们有大量用户，用户就是钱，你完全可以相信我们，而且我们会做一个互联网项目，这个项目会赚钱。"

　　不知道许单单在说自己"会做一个互联网项目"的时候是什么表情，心里是不是有底，因为他们当时根本不知道自己要做什么。不过事实证明，他们不需要再多说什么。这个时代，"互联网+用户"是谈判中的撒手锏，这两个词意味着利润和回报。投资人被说动了，这时许单单开出条件："必须是咖啡馆和互联网项目一起投，否则不接受投资。"

　　就这样，通过把3W咖啡和那个暂时还没影儿的互联网项目"捆绑销售"，许单单拿到了600万元，其中2/3给了咖啡馆，剩下的钱分配给了互联网项目。

　　咖啡馆的个性和传达的理念开始得到突显：互联网元素突出，科技感很强。这里甚至有一块专门的区域来展示最新的互联网科技成果。走进这里的人会很容易感受到3W所传达的互联网精神——开放、自由。

　　许单单总结说如果星巴克卖的是美国的咖啡文化，那么3W卖的就是互联网的文化。

　　在经营咖啡馆的同时，许单单自然也没有忘记答应投资人的互联网项目。其实这个项目并不只是说服投资人的噱头，对于咖啡馆自身的经营也有好处,做好了可以为咖啡馆带来更好的收益。要知道,搬家之后的新3W起初依然靠鲍艾乐组织沙龙的门票赚钱,这不是长久之计。最终他们选择结合自己的资源条件以及用户需求做互联网招聘,于是,拉勾网上线。这其中的过程自然也是波折不断,但总体来说都是顺应需求的结果。

有人说3W既做咖啡馆,又做投资对接,还做互联网招聘,有悖于互联网思维的专注原则。但互联网思维也讲究跨界融合,3W无非是把这些资源连接到一起,然后把自己变成这些资源的入口。更重要的是,以咖啡馆形式存在的3W把这种入口的门槛放得很低,人人都可以来,人人都可以社交,这比创业者到投资人的家门口找人要容易得多。

至此,许单单在风险极大的咖啡馆行业里找到机会。**这是创业者的基因,可以坚信别人不信的事**。其实许单单他们也一度动摇过,尤其是在2012年年底最艰难的时候,如果不是那时候有"贵人"出现,也许一切都不一样了。

2012年12月,只有名气没有收入,整个咖啡馆笼罩在低气压下。鲍艾乐觉得下一秒咖啡馆就要倒闭了,马德龙一直沉默,许单单同样陷入了绝望和颓唐,这段日子他们天天泡在咖啡馆里,不知道自己应该做些什么。那天晚上7点左右,他们正在咖啡馆里发愁,这时进来一个人,三人抬头一看穿着打扮就知道这是个创业者。这两年他们见到了许许多多创业者,他们大都像这个刚进门的男人一样。

他一进门就想找徐小平。咖啡馆里每天都有人在找徐小平,原本三人是从不搭理的,但那天也许是太想从沉郁的低气压中解脱出来,于是马德龙和鲍艾乐提起了兴致,决定和他聊一聊。当然,他们是怀着戏谑的态度来对待这次交流的,并不打算得出什么结果,毕竟咖啡馆明天能不能开张还不一定呢。

"我们可以介绍徐老师,但是你要付介绍费,1000元。"两个人就这样开起了玩笑,但是对方很认真,一脸无奈地表示自己现在身无分文。

对方的认真和窘迫反倒令他们俩的玩笑心更盛,于是你一言我一语地开始和对方讨价还价:"可以便宜一点儿,要不你拿点什么当抵押也行,身份证吧。要不你在这里打工也行,工钱就充抵介绍费。"

这种讨价还价一直在进行,直到对方拿出了自己的房产证,说:"等我见到徐小平,经济好转了,我再把它赎回来……"

当时3W咖啡馆里的客人并不多,生意和以前一样惨淡。3个创业伙伴内心纠结无比,全都陷入绝望中不可自拔。可当那个人拿出房产证的时候,突然他们三人的心里仿佛都照进了一点儿光。很久以后,许单单说,把他从绝望中带出来的正是这个可以将自己的房产抵押来创业的人。正是这个人让许单单知道了什么叫"豁出一切":就是即使所有人都在怀疑他的理想时,他也会把自己的全部身家押进去。

鲍艾乐把那天晚上7点出现在咖啡馆的男人称作自己的"贵人"。她在自己的博客里写道:"其实恰是他的认真和决绝,轻轻地刺激了我们3个等着破产的人,让我知道博上一切是什么意思。"对于创业者而言,落魄的时候有,失望的时候有,迷茫的时候也有,重要的是在这些时候是否依然坚持自己的选择,并且用那种赌上一切的决绝坚持下去。

曲线跨界：创业生态的养成路径

3W 咖啡遇到了大问题，又是个非典型问题：它有客流，有口碑，也有大佬们的支持，但就是没法赢利。就像找到个大金矿，但是不知道怎么挖出金子来。这是转型前夜的苦恼。

第一章

重新定义：咖啡馆不是孤岛，而是系统中心

🔊 回归商业本质：把咖啡馆交给懂行的人

江南水乡简陋古朴的老茶铺，是生活在那里的人们一天开始的地方。天色未明之时，便有三两街坊、五六工友相约陆续而来。一碗滚烫的红茶，就着几句家常闲话，悠然地吃上一两个小时，在小铺中互相聊着做工的近况。三言两语中，行情如何就已心中有数。工友们习惯了每天在这里听取自己行当里的新闻，并以此来判断自己当天的生意在哪些方向。

喝早茶是江南"市井"们的"早课"，也是"老江南"的半世尘梦。用一种更为现代的说法，早茶铺可以说是当地工友的"商业信息交流

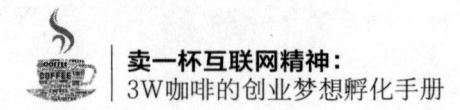

中心"。

美国硅谷,创业的圣地。怀揣梦想的年轻人,在这个残留着二战时期硝烟的"硅胶谷"里匆忙地奔着前程。比不得江南小镇的"闲云野鹤",将五六个小时付与早点,一杯热咖啡、一个牛角面包加上简单水果,就是在硅谷创业的年轻人们一上午的能量来源。

硅谷的咖啡馆和江南水乡的早茶铺一样,是同行间交流工作心得的好地方。不同的是,咖啡馆中充满创业激情的年轻人对于商业与科技有着独特的敏感度。

美国加州帕罗奥多市的大学路毗邻斯坦福大学,硅谷大量的创业公司聚集于此。在这里最经常看到的场景就是一家普通的咖啡馆中,坐满了创业者、投资人,他们认真地讨论着彼此的项目与理念,乔布斯与扎克伯格就曾是这里的座上宾。咖啡馆提供给乔布斯早点能量的同时,免费的Wi-Fi和空间也被精明的他合理利用,从而成就了世界上人人追捧的苹果电子产品。

硅谷作为世界知名的创业者基地,其创业风气充斥着城市的每一个角落,吸引了大量创业者。正是这种普遍存在的创业追求,让创业咖啡馆日渐兴起。

2010年,创业咖啡馆的商业概念被"借来"中国。

当然,并不是工友们的早茶诉求引发了这场商业概念的来袭,而是科技、电子产品的日趋普及,带动了这一市场业态的进驻。

创业咖啡馆从一线城市北上广迅速狂飙,蔓延到了武汉、济南、郑州、南京等各省会城市。车库咖啡、雕刻时光、3W咖啡等创业咖啡馆品牌如平地炸雷，在中国咖啡市场迅速蹿红。创业咖啡馆的"理工男"气质，征服了大量热爱咖啡且热衷电子、理工的年轻人。

"上午10点的3W咖啡，人声喧腾，鼠标滴答声不绝于耳。各种会谈，各种在电脑前静默工作的个人，环境简陋但是真的……充满了活力！"

"3W咖啡，以前工作的地方。在这里，同事之间的关系相当融洽；在这里，你就是店长，每一个岗位都需要实践，亲力亲为。"

"我在3W咖啡，这里的人挺有意思，感觉他们在另外一个世界里。刚刚去牛肉面馆除了做拉面的人不用手机以外，其他的工作人员一边玩着手机一边就给客人点餐了，完全陷入手机的世界里，感觉他们都是每分钟赚几百块的样子。遇到一个穿脏兮兮西装的哥们儿说自己是做房车项目的，要做个网站，让别人把房车拿出来出租。"

创业咖啡馆的氛围不错，但不代表其盈利状态的好坏。"雷声甚大，雨点全无"，用在创业咖啡馆的业态身上实至名归。

据中国创业咖啡馆联盟发起人董建强提供的业态数据来看，近50家创业咖啡馆，能够赢利的不足10%，能够"自保"的也只有30%左右。其余创业咖啡馆更是"凄惨"，现金流亏损的状态一直没被打破。

3W咖啡馆是众多收不抵支的创业咖啡馆之一。它与多数同行业经销门店出现财政赤字的原因大致相同——缺少专业管理人员。电子、科技与咖啡馆管理经营，是跨行业的"隔山"管理。做咖啡馆不是演大话西游，也不是玩召唤兽，"隔山打牛"的武功在这里不会奏效。

专业化的管理对于咖啡馆运营是必不可少的。专业化的管理对比跨行管理有3点优势：

其一，人员分工科学化。

其二，品牌打造规范化。

其三，运营大局科学化。

连续的亏损状态让3W咖啡的负责人有些坐不住了，他们逐渐意识到专业的管理模式对于咖啡馆经营的重要性。

不妨看看雕刻时光创始人庄崧冽曾做过的关于咖啡馆的经营分享：

要有好的环境，好环境意味着浓厚的感情。风霜雨雪天，能找到个一亩三分地过个下午，想起来都很美。

顾客爽了就是一切。他开心、满意，产生爱了，这就够了，也是唯一重要的事。

咖啡馆是公共场所。就像电影院、商场、公园、森林，不是老板一个人的，千万别当成自己的角落。

鼓励创意。给客人一个安静的空间，也别太小气了，该有的都要有，比如插座、网络、长久座位，让所有好玩的事情都在这里落地生根。

美食不可辜负。好看好吃，轻便干爽，不要油腻。当然不要忘了，咖啡才是主角，新鲜好喝，不甜美的糕点不上桌。

不过度叨扰的音乐才是好音乐。风格不限，但不要成为噪音。

这才是咖啡馆的资深运营法。

2013年3月，3W的负责人许单单带着复杂的心情发了一条微博：

给3W咖啡找一个店长，不一定要有直接的咖啡馆经验。更希望能聪明地、善于站在用户角度考虑问题。更像是一个互联网公司的产品经理一样，琢磨用户的需求，当然也要有管理能力，毕竟有30多名员工呢，管理难度还是有一点儿的。

这名专业的管理人员除了拥有基本专业技能外，对于其他条件，3W咖啡的几位管理人员经过商议，定下以下几点要求：

第一，开放的思维模式。

开阔的思维便于接受新生事物与理念。以互联网为主题的3W咖啡，不同于传统意义上的咖啡馆。管理人员除了具备咖啡馆管理的专业技能外，还必须学习了解互联网的概念，才能让客户在这里体验到诸多互联网特色的东西，例如微信点单等。

第二，有较深厚的专业管理经验。

体力再好的小马也需要识途的老马带领，才能到达终点。咖啡馆管理也一样。从业经验除了可以增强一个管理人员的熟练度外，更便于其在原本管理经验上更新内在管理知识，变通管理模式，不使一个品牌的管理落于"俗套"。

第三，热衷于潮流事物。

互联网时代的到来，让经济市场的新生事物出现得越来越快。咖啡馆也不例外，消费者对于新产品的渴求从来就没有停止过。热衷于潮流的管理人员，更容易将时代前沿的新事物融入咖啡馆的经营中。

第四，具备年轻活力。

3W咖啡对于消费者的定位，是一群年轻的互联网使用者或从业工作者。消费人群的特质决定着咖啡馆的气质，咖啡馆的质感源自管理者的精神面貌。一个具备年轻活力的管理者，才有可能打造出一家符合互联

网从业人群气质的咖啡馆。

3W咖啡经过严格把控筛选,从众多应聘者中挑选出了符合以上要求的管理人员。这其中有具备留洋经历的酒店管理硕士,也有工作经验丰富的星巴克老员工。这些优秀的管理人员使得3W咖啡馆的运营管理逐步合理化、完善化。

有了专业人员参与管理,3W咖啡馆的运营顺畅了不少,许单单、马德龙和鲍艾乐的心情自然也跟着轻快起来。

看看许单单发的微博,我们会发现他的心情明显好转:

【深圳的3W咖啡,一段时间不见变化多啊】店长是宜家和星巴克出来的,咖啡师是国外留学7年自称血液里流的都是咖啡的咖啡狂人,收银员是每天被很多IT男索要电话号码的大学美女,店员是见过的最帅气的本科店员,还有人会街舞、摄影、小提琴。真是个欢乐的群体,专业人士打理就是不一样!

中关村科技园创业大街,这里是中国的硅谷,聚集了不少同类的咖啡馆,如车库咖啡、贝塔咖啡等,3W咖啡馆服务于同样行走在科技前沿的特殊消费群体,没有些"特殊技能"恐怕很难取胜。那么,对比其他创业咖啡馆,3W咖啡究竟有哪些不同呢?

市场上的创业咖啡馆,在设施环境方面与普通咖啡馆很难区分。而在3W咖啡馆,墙面的镂空处装饰着各个互联网公司的形象公仔。每一位进门签到的顾客的名字都会显示在店里的微博墙上。这里经常有互联网的发布会或者技术讲座,就连咖啡的名字都是以不同的互联网网站的名字命名。3W咖啡负责人表示，他们的新店中还将配备3D打印机、谷歌眼镜（Google Glass）等电子产品。你甚至无法想象，一家咖啡馆的厕所墙面，都是用键盘做成的马赛克，这还只是外在的细节。从内在来看，3W咖啡馆在自身品牌定位方面，也的确没有辜负互联网主题创业咖啡馆的名号。

市场上大多数创业咖啡馆对于环境的要求都是极简的，甚至可以说是随意的。而3W咖啡馆却小巧精致，不大的店面中，到处洋溢着小清新的装饰风格。

除此之外还有些细节，比如3W咖啡的无线网速曾被网友夸口称为"火箭速度"。

最后是营造的行业氛围。给理工人提供日常洽谈场所的创业咖啡馆中，车库咖啡拥有常驻的创业者相对较多。而3W咖啡作为后来者，凭借发布会与专业讲座等活动，以拉动、聚集、整合的方式，更为全面地为创业者们提供了更加广阔、专业的平台。

在深圳，3W咖啡店面有上下两层，分为专业会场、单独的消费区、小型会议室、正在装修的联合办公区。

北京的店则分三层：第一层是纯粹的咖啡馆，供散客使用，不会被任何活动打扰。第二层分为两个部分，一个是可承载200多人的专业会场，另一个是VIP区。VIP区会提供非常安静、私密的环境，为那些有私密安静环境要求的人提供服务，比如谈融资、谈交易细节等需求。第三层是创业孵化器，3W咖啡管理团队及未来入驻3W的创业团队都在这里办公。

作为创业咖啡馆，3W咖啡将互联网作为其运营主题，糅合专业的咖啡馆管理方式后,终令咖啡馆的经营回归其商业本质。保持自身特质的同时,更甩掉了"挂羊头卖狗肉"的帽子。

弱关系连接：如何做公开课、沙龙

"我还在找我的合伙人,没准哪天他就端着咖啡出现在我对面",来自哈尔滨的肖元磊待在3W咖啡馆好些天了,在等待一份属于自己的未来。

辞去原本稳定的工作做一名北漂需要勇气。从晨起到华灯初上,肖元磊每天在3W咖啡馆二楼埋头写营销方案。他的归属感在未来的某一个时刻等着他,现下他每天忙碌着找那个能给他未来的人。

3W咖啡馆每天都有不少像肖元磊一样的年轻人来来往往,他们对于创业的渴望,像沙漠渴望绿洲一样,炙热而充满激情。他们中有刚大学毕业的社会新人,也有辞职创业的职业精英。

在中国,社会关系就是生产力。在大多数人的强关系解决不了创业问题时,弱关系的力量适时显露出来。来北京寻找创业机会的年轻人,在3W咖啡馆找到机会,就是弱关系力量的一种体现。

强关系之所以解决不了大多数创业者的问题,主要原因首先在于其"范围限制"的特点：强关系一般是双方的,连接可能性较小,两者的互动频率较强,单方精力有限,传播率相应低效。其次,**强关系密切度高,相互了解较多,传达内容中优质部分会相应减少。**

弱关系的力量大于强关系这一论点,在20世纪90年代初就已见端倪。著名社会学家、斯坦福大学教授马克·格兰诺维特（Mark Granovetter）曾对弱关系有过这样的假设:"弱关系促成了不同人群之间的信息流动,传播了人们原本不太可能看到的信息。由一个人的弱关系分享的信息此后不太可能被局限于小范围内。因此,看到一个弱关系分享的内容,会导致一个人分享该信息的可能性增加近10倍。相比而言,由强关系分享的内容则只会增加6倍。弱关系最有可能向朋友提供一些他们原本难以获取的信息。"

利用弱关系的力量,推动创业者铸造创业梦想,是3W咖啡馆开创的互联网主题创业者活动的宗旨。3W咖啡馆已经举办了几百场创业者交流活动,有"3W公开课""投资人下午茶""投资人夜话"等形式。

公开课是针对产品和技术的专题讲座,由不同企业的代表主讲,内容包括产品介绍、用户体验等。

"投资人下午茶""投资人夜话"由VC主讲,通过其对主管业务的认识分析,向创业者讲解一些项目的可行性、操作性等专业知识。

3W咖啡馆关注的创业者问题,在于如何获取创业信息。家人或者好友构成的强关系,在创业信息流动过程中起到的作用是有限的,而只见过几次面的陌生人,却会在无意识的状态下提供偶然的创业线索或机会。

2012年6月,格兰诺维特的小组考察了3510位风投者和1975—2003年的11895个投资项目。调研人员以合作搭档的强弱关系为基础,将他们的合作成功率进行对比,结果令人意外:"两个风险投资者中如果有一个是名校毕业的,其投资的这个公司将来能上市的可能性会提高9%。如果他的搭档也是名校毕业,则提高11%。所以按能力选搭档,哪怕你把能力简单地用学历代表,都能增加成功概率。可是如果选一个以前跟你在同一个公司工作过的同事搭档的话，会让风投成功的可能性降低18%。如果选校友，降低22%。如果选'族人'，降低25%。"

现代社会学用足够多的调研与理论证实，找创业项目或者合作者时，弱关系的效果较之于强关系更佳。

经营弱关系的3W咖啡，其线下活动举办至今，效果显著。

这一成果首先来自"名人效应"。名人具备一定的号召力与影响力，邀请投资名人、互联网达人、活跃的博主、关注度较高的会员等"圈中名人"参与线下活动，往往事半功倍。其次，线下活动操作时，对相关数据进行记录、汇总并分析，可以不断优化、制定出科学的活动模式。例如活动借助微博推广，其转发量、关注度所呈现的详细数据，根据时间不同所产生的反响热度，都是制定活动未来发展走向的最佳依据。

3W咖啡馆创业者活动吸引了大量互联网工作者前来观摩学习，寻找创业机会。这些人中有管理者也有员工，3W咖啡馆为此又开创了沙龙形式的新课题。

每周四下午两三点，在3W咖啡馆时常能看到这样的情景：一群人围坐在一起喝下午茶，时而低头在笔记本上飞快地记录，时而抬头认真地说几句产品信息。有时还会有参与者站起来向大家讲述一些新项目概念。

这是3W咖啡馆中创业者与非创业者的沙龙，他们称之为"投资人下午茶"。参与者是投资公司或天使投资人和一些互联网创业者。

3W咖啡馆会在沙龙进行前联系一位投资人，并邀请他到3W咖啡馆喝下午茶。3W咖啡馆的相关负责人会将每周征集来的相关项目进行整理挑选，对与邀约的投资项目有关的资料进行备注。周四帮助投资人约见征集来的项目负责人，每次可以洽谈 6～7 个。

除了外部引入投资人支持创业者外，3W 咖啡馆表示将来还会把好项目从内部推荐出去。

📶 创新传媒：解决大客户的营销难题

沙龙和公开课的形式支撑着 3W 咖啡的经营希望，但仅有这两个是不够的。大家都在做差不多的事，3W 咖啡与其他人的区别如何体现？

3 位创始人开始推出 3W 创新传媒。

其实，传媒公司是在拉勾网之后成立的，但这里我们先讲是因为很多时候，它和拉勾网是合力做事，更像个开路先锋。

3W 传媒的定位是大客户服务思维，为腾讯、京东等大互联网公司举办营销活动，每月有几十场，参加活动的人数超过 4000 人。

它和咖啡馆、拉勾网形成了一个协同作战的三角体。这也是 3W 咖啡在建造壁垒，布局生态链，使整个 3W 集团不会被轻易颠覆。

传媒公司联合拉勾网把企业客户的信息、活动等通过营销活动传递给业内人员，50 多人的团队互相帮助，协同作战。传递链条从意见领袖和极客开始，通过初期的认可后，再渗透到行业的人群，最后扩散到一般人群。

在这些人群中，数量比例最大的是早期采用人群和后期采用人群，他们构成了产品的"主流市场"。一项产品的生命周期有近 1/3 都处于主流市场中，最重要的人则是尝鲜者。尝鲜者的数量其实很少，最多也不会超过 20%，但正是他们的尝试和有效传播开启了主流市场。比如意见领袖，他们的使用体验在社交圈中能产生广泛的影响，这正是他们最有价值的地方。

互联网时代，光靠一群媒体写文章、发软文，已经很难解决最大化传播的问题。传媒公司的目的在于对信息进行有效的分析定位，重新包装。线下环节则会细致到发布会的每一个小细节。这些是传媒公司要做的事情。

比如新概念式的体验活动。

它把智能生活体验活动和未来生活、科技感联系到了一起：

这是一次商业模式的颠覆，一次来自未来的跨界演出，一次科技与生活的交融试验。

凭空想象出一种商业模式就想颠覆国美、苏宁？所以我们在做一场试验。

但试验的背后其实是一次来自未来的跨界演出，智能家居、生活、音乐、游戏……

这次，我们希望能重新定义一家咖啡馆，用一种全新的体验方式让你感受智能时代的到来。

同时，3W传媒亮出了不带钱包、不带手机的前卫生活概念。整个活动包括"手机上的轮子""智能故事会""谷歌眼镜中文操控国内首度亮相""3W未来生活预售会"以及"X音乐会"5项。他们的细分亮点是这么写的：

搭载中文操作系统的谷歌眼镜首度亮相3W咖啡,现场体验出售!

每天早晨9:00起,前30杯拿铁可免费享用!微信支付,咖啡全程半价!

4月26日下午14:00,O2O闭环大探讨,当别人都在聊本地服务业O2O的时候,我们看看地产、零售、实体商铺,它们都在玩什么?

4月27日上午9:00,雷锋网分论坛:手机上的轮子,用科技控制"速度与激情"的产物。

4月27日,智能故事会,跟你讲述每一个"精雕细琢"背后的故事。

4月27日下午17:00,3W未来生活预售会,现场拍卖谷歌眼镜、Oculus游戏头盔……

4月27日晚19:00,X音乐会,让跳动的节奏释放你的压力,著名豆瓣音乐人张缘、尤克里里(Ukulele)国内教学第一人张松涛用【XKey】和【Ukulele】为你带来史上最嗨的互联网音乐Party!

前后两天20余件科技产品全天展示让你"尖叫","智能咖啡馆"概念落地!贯彻乔帮主遗愿,用iBeacon技术为3W咖啡注入生命,物联网商业时代近在咫尺!

这些略带夸张感的文字去除了科技的高冷,透着一股让人垂涎三尺的味道。以至于周六的一大早,3W咖啡馆门口就排起了长队。按照游戏规则,队伍中前30位入馆的朋友可免费享用美式咖啡一杯。当然,3W咖啡不仅仅满足了消费者舌尖的欲望,这里还有"变形金刚机器人""Oculus游戏头盔""拉勾彩色砸场墙"等出乎意料的好玩活动。

2014年4月26—27日,在两天时间内,3W咖啡馆展出超过20件最前沿的科技产品,在场馆中完成支付交易、对外通讯等。可以说,这里是一个秀场。当然，咖啡馆固有的场地，也使得3W传媒可以完成会议承接的工作，比如三星、腾讯、百度的发布会和网络营销活动，这也是重要的盈利点。

这里还有秀场式体验，其中"特斯拉遇见3W"这场活动不得不提。2014年1月18日，特斯拉登陆北京中关村的3W咖啡馆，高调举办了中国区首场外场秀。

为什么会选择3W咖啡？因为这里有着中国目前最高精尖的互联网圈子，更重要的是特斯拉能找到它们的消费者。互联网圈对高科技、新鲜事物保持着最强大的感知能力和接纳度。没听说过特斯拉的人极少，甚至有的人比车辆销售员更了解特斯拉的故事、理念，甚至展望过它的未来。

在他们眼里，购买的不仅仅是一辆车，更是一个理念。他们通过购买提前参与未来，有一份独特的存在感。难怪特斯拉中国区总经理郑顺景先生用"咖啡馆中的特斯拉"形容3W。

更有意思的应该是"智能城池"。这是一场对未来的投票，让每一个人都可以通过众筹选择参与未来的生活方式。仅是麦开（mecare）的智能健康秤柠檬（Lemon）、智能水杯CUPtime就足够让人大开眼界。

3W传媒在2014年的互联网大会上建造了一座智能城，里面包括未来家庭、未来医院、未来教室等，展示了各种酷炫的未来产品。其参与众筹投票的方式也很落地：

灵感瓦片儿：支持29元（200人）

2014中国互联网大会·未来生活体验展VIP票1张

3W纪念手袋礼包1个

3W收费版公开课入场券（价值50元）1张

勇气铁砖：支持49元（100人）

2014中国互联网大会·未来生活体验展VIP票1张

3W纪念手袋礼包1个

神秘福袋（包括但不仅限于限量T恤等神秘礼物，玩玩"尖叫"，敢爱就拍）1个

意志钢砖：支持99元（5人）

2014中国互联网大会·未来生活体验展VIP票1张

3W纪念手袋礼包1个

价值399元的CUPtime智能水杯1个

审美金砖：支持299元（5人）

2014中国互联网大会·未来生活体验展VIP票1张

3W纪念手袋礼包1个

价值399元的CUPtime智能水杯1个

真爱钻石：支持1099元（5人）

老祝课堂VIP：3W特邀资深供应链专家、科通芯城事业发展部总监祝丹葵私下传授供应链知识，让跳票成为往事

除此之外，在这里露过脸的产品，光听名字就有种独特的未来气场，比如意念力头箍、微信打印机、无线充电桌、可调节智能灯泡、体感平衡车等。3W传媒通过这些活动不断地给3W咖啡刷出了为未来世界和高

科技产品代言的存在感，各种奇妙的活动也给 3W 贴上了有趣、好玩的标签。应该说，3W 的企业形象日益鲜活起来。

负责人周愿是这么说的："传统的电商缺乏线下产品体验，而咖啡馆的场所功能却可以成为各种新奇产品的体验馆，打造线上线下一体化的商业闭环。类似谷歌眼镜这样高单价的产品，体验对产品销售将有非常大的影响。"

互联网来袭，线上线下的跨界融合碰撞很激烈，相比传统行业，3W 咖啡馆凭借自身的互联网基因，做起跨界运营来就显得自然很多，像个**会玩、懂玩的大小孩**。在咖啡馆形成品牌影响力之后，通过网站、公众账号等聚合覆盖互联网群体，然后一起来到线下聊项目、玩各种活动，这就是 O2O 的互联网资源联盟。

第二章
互联网+招聘：去淘金的地方卖水

📶 拉勾网，不从零开始

3W 咖啡馆里有一个醒目的人形广告牌：真格基金徐小平拿着拉勾网的标志面带微笑地为拉勾网代言。很多人都是通过这个人形广告牌认识了拉勾网。

拉勾网是从 3W 咖啡的众多功能中独立出来的，自成一体，但最开始时并不是人们现在看到的这个样子，它的转型对于许单单来说是一场生死豪赌。

在拉勾网这个想法还没有出现以前，3W 咖啡馆里每天都在上演着找人的戏码。许单单他们总是被当成中介：

"单单,我们在招人,你认识靠谱的前端吗?"

"我做前端的,能帮我引荐引荐吗?"

"Ella(鲍艾乐),我有好项目你能帮我约约徐老师吗?"

这样的场景会让人想起一个笑话:咖啡馆里,左边一桌人在大谈他们现在有各种想法和创意就是找不到钱,和他们相隔不远的另一桌人在苦恼自己有无数的钱就是找不着可投资的项目。这时,咖啡馆服务员听得万分着急,特别想把这两桌人拼在一起让他们谈事情。

现在许单单就是那个咖啡馆服务员,和笑话里不同的是,他有资源。许单单很乐于介绍这些人一起认识,他像红娘一样帮这些找不着"另一半"的创业者和投资人找到彼此。后来,找的人多了,他们发现这的确是一种强大的需求,于是决定做一个系统来把这些人连接起来,把线下的流量转移到线上。

做这个系统还有另一个需求驱动,那就是他们的咖啡馆快要倒闭了,光靠鲍艾乐卖活动门票已经不足以支持开销。他们需要一个项目来赚钱,需要做出成绩来证明自己,并且兑现他们对投资人的承诺。

既然决定做一个职业圈子,他们决定学习领英。

领英是美国人的创意。它的创始人里德·霍夫曼是美国最成功的天使投资人之一,被称为硅谷的"人脉之王"。霍夫曼创建领英的过程和大多数美国创业公司相同,他们不是在办公室而是在自家的客厅里开发出这个新产品的。2002年做出产品之后,2003年领英就上线了。霍夫曼给自己产品的定位是:社交招聘。你可以说它是一个社交平台,也可以说它是一家招聘网站。

现在,它在全球范围内的会员人数已经超过3亿,你可以在上面找到世界500强公司的大多数高管。

其实领英更愿意将自己称作一个"社交平台"。它的商业模式是这样的：通过搭建一个免费的职业交流平台，为用户提供各种招聘解决方案、市场解决方案以及销售解决方案。由于在平台上最早推出的是招聘解决方案，并且非常成功，以至于许多人将它视作一家招聘网站。

招聘只是领英的一类业务而已，做的是那些所谓的"被动求职者"的生意。这部分人其实并不想换工作，但如果有比当下更好的机会，他们还是很愿意换个工作环境，所以他们也会时不时到招聘网站上看一看。这些人在求职人群中占80%，其他的20%主动表示要换工作的人并不是领英的主要服务对象。

因为主动求职是一个较为低频的要求，找到工作的人就不会再上招聘网站了，相反那些被动求职的人更有交流的需要，而且是高频需求，所以将这些人集中起来做一个社区就非常合适。领英正是用这种社交属性来黏住用户。所以，领英上沉淀的主要是用户的商业关系，如同事、客户、合作伙伴等。

至于如何赢利，领英是两头赚钱。它收取个人用户，也就是所谓的C端用户的钱，根据付款多少提供不同标准的服务。对企业，也就是B端用户，领英同样收钱，除了收取服务方案的费用外，也收广告费。这种方式让领英的收入非常可观。

与其他招聘网站相比，领英能够帮助用户拓展更多有价值的人脉，实现的是长远价值。当然，对于它的用户来说，它最大的优势在于国际化。

领英在美国风头正劲，《纽约时报》说它实际上是把所谓的"人际网络早餐会"移到了互联网上，参与者来自全世界。当然，在这里拓展人脉非常经济实惠。

不过，要想让领英发挥最大的效用，还需要正确使用这个网站。比如你必须时不时地更新个人资料，尤其是在你换了工作以后。这和传统的招聘网站不同，在那里，你一旦找到新的工作就会立刻把简历清除，以免再有人找你去面试。另外，领英上的每一个好友申请都必须认真对待。对于那些不明所以的邀请，你可以拒绝，除非你觉得这个人很可能对你未来的事业有帮助。

在领英上展示自己还可以使用多媒体，你的工作、生活情况可以被多样化地展示出来，就像是一份多媒体简历。另外，领英上也有各种兴趣小组，关注并且加入它们会让一个人的关注度提高许多。现在，领英网页甚至成了许多职场人士每天清晨打开的第一个页面。

仔细想想，领英做线上交流社区，把职场人士圈起来，其实很像3W咖啡现在做的事情：先做一个线下交流的圈子，然后把互联网圈子里的人圈进来。许单单觉得领英就像是把3W咖啡馆里发生的一切移到了线上。3W咖啡馆本来就是互联网人聚集的圈子，一直在举办各种沙龙活动，完全可以借用领英的模式做一个互联网商业的社区，以职业和兴趣为核心，打通微博、微信等社交媒体。最后，他们决定把这个社区称作"拉勾网"。

因此，启动这个项目是以3W咖啡馆为基础进行的一场"热启动"，而不是从零开始。3W咖啡馆在两三年的运营期间积累了相当高的知名度。2013年，仅3W咖啡馆的微博就有5万粉丝，而许单单自己的微博则有20多万粉丝，而且许多都是互联网行业内的人。这样，做拉勾网时，他们就可以先导入3W咖啡的粉丝和客户，通过圈子传播口碑。

拉勾网还有一点其他人学不到的地方：3W咖啡馆的许多线下活动是其他单纯的传媒公司或是招聘公司无法实现的，**但是拉勾网可以借咖啡馆里的线下活动，聚集行业内的活跃人群和核心人群，并对他们产生影响，即通过最小的成本影响行业内的核心人物**。同时，鲍艾乐通过运营传媒帮助客户做各种公关活动的时候，可以很自然地将拉勾网和这些业务捆绑在一起。

可遗憾的是，他们并不像霍夫曼那样幸运，市场给了他们一记狠狠的耳光。

社交招聘是伪命题：第三方不在场

许单单和马德龙动用了手上的所有资源，但他们的商务社区在人气增长上还是特别缓慢。除了糟糕之外还能说什么呢？作为一个商务社区，他们要先把人培养起来，把社区培养起来，然后才能赚钱。但是在投入了许多资源之后，拉勾网的运营还是一点儿起色也没有。

拉勾网在市场遭到的冷遇其实是领英模式在国内水土不服的反映——招聘和社交对于国人来说就像是一体两面，很难完全分开，而领英模式却像是一条鲜明的分界线，把这两项内容分开了。

在美国，人与人之间结成的关系可以用一些很清晰的标签来界定，比如同学、同事、亲人、朋友等，这些人会在不同的社交网络上沉淀下来，而且可以区分得很清楚。因此，那些在脸书（Face book）上的人和在领英上的人基本不会重叠。

这种情况在中国不太可能发生，在微信里名为"朋友圈"的地方，除了朋友之外，还有多少你的同事、上司、客户在其中呢？所以中国的用户在使用社交网站时，会在上面一起打理与上司、客户的关系。越是大客户越要加进微信里，在他们的朋友圈里点赞，这是国内的人际交往习惯。也就是说，要先交朋友，才能谈生意。但领英模式是每个人都直接推销自己，主动关注的人也总是充满目的性：要找工作。这对国人来说有点太过"赤裸"。

领英上的推荐模式也不太符合中国用户的习惯。许单单在3W咖啡馆里经常充当中间人的角色，介绍投资人和创业者见面。双方见面时，作为中间人的他也必须在场，3个人坐下来一起谈。如果中间人缺席，那么其他两个人就不会见面。但领英的模式不一样，如果有人在领英上向一个投资人推荐了你，那么当你和投资人直接见面时，这个推荐人是可以不用在场的。

实际上，对于中国人而言，领英模式是基于人际交往的弱关系。在这种弱关系当中，人与人之间的联系往往是职业化的，而且双方之间的联系链很短，一般来说他们与你之间只隔着一个人，即他们要么认识你，要么认识你的一个熟人。为了维护这种弱关系，相互联系的人们需要双赢，因此**这种关系天生就带有目的性，大家要么是为了找到一份好工作，要么是为了谈成一笔生意。如果没有这层好处，人们就不愿意在商务社交网站上沉淀。**

如果拉勾网要把自己做成一个像领英那样的商务社交网站，则必须长期培养用户、培养社区，那么它的用户就无法在短期内看到网站带来的好处。中国是一个熟人社会，推荐工作这样的事情在微信联系人名单里就有人可以帮忙解决，又为什么非要上拉勾网呢？

而且，拉勾网如果用了领英模式，那么网站维持的是一个弱关系，但是对于中国人来说，社交平台的作用不是得到职业信息，而是通过在平台上建构的人际关系来得到雇主的照顾。在社会学家边燕杰看来，社交网络对于中国人来说就是一张巨大的人情网，而不仅仅是一个获得信息的途径，职业信息的获得不过是这种交往下的副产品。

领英在美国可以获得成功，一方面是基于美国人的交往习惯；另一方面，美国的职业市场已经非常成熟，人们愿意为了一个更好的职位或是为了更好的职业机会而花费金钱在领英上购买高级服务，对于美国的企业而言也一样，他们愿意为了人才把钱花在网站上。这些收入实现了领英的盈利。

这一点是拉勾网无法企及的。中国的企业在招聘方式上并不是十分依赖互联网，但是美国不同，根据领英提供的数据，有八成以上美国企业都通过互联网寻找雇员。所以，领英成功的前提是成熟的职业市场以及企业和人才对于互联网的强烈依赖。

拉勾网的用户增长和蜗牛速度差不多，产品思路出了问题已成为不争的事实。

要做到像领英一样，就必须挑战国内用户熟人推荐工作的习惯，将原本依赖强关系变成依赖弱关系。这种整体文化的改变是拉勾网无法挑战的，所以它必须在陌生人的商务社交之外再找到一个驱动力才行。

对于社交和招聘，国内所要解决的用户需求是处在不同轨道上的，领英的模式既不符合用户对于社交的想象，也满足不了招聘所要解决的人才需求问题。所以拉勾网需要不断地烧钱，但他们当时只有200万元，再烧下去又要死了。

产品思路需要调整，于是许单单等人爆发了一次严重的分歧：继续做社交，还是转型只做招聘。做招聘就是让自己回归到人才服务的角度，先让自己活下来，维持生存。同时，这也意味着原本的商业模式要全部改变。领英模式的估值是200亿美元，如果只做招聘，估值只有5亿美元。这就意味着原本给员工画的饼缩水了。

许单单觉得，原本承诺给团队的价值一下子少了这么多是件很危险的事，可他没有办法，只好拼命地给大家涨工资，希望大家别走，都能留下来。虽然最后没有人离开，但是争执不断。就在大家为拉勾网是否要抛掉社交专门做招聘争论不休时，发生了一件事情。

3W咖啡的股东们发现，有一个叫"3W招聘"的账号在微博上@自己。这是许单单他们做的招聘宣传吗？不是，那是有人用"3Wzhaopin"注册了一个账号，鱼目混珠。许单单对此很气愤，坚持要自己弄一个招聘的网站以正视听。

在这件事情的推动下，拉勾网转型才最后被确定下来。

关于这次转型的争吵并没有对外透露过多信息，唯一可查的也只是马德龙后来在社交网站上说的一句："爆发过激烈的争吵。"虽然没有太多细节描述，但可以想象做出转型决策的人在面对反对意见时需要承担怎样的压力：如果他决策失误，所有人都会记得他当时是如何坚持己见，不听劝告；如果他的决策正确，那么大家都会觉得这是理所应当的。虽然事后证明拉勾网的转型是正确的，但在前途未卜时，决策人需要的不仅仅是智慧和勇气，有时候可能还需要一点儿运气。

📶 每一次操作都要进入用户的场景

说到招聘，许单单想起他在美国时对招聘市场做过的分析。当时他注意到美国的两个招聘网站，一个是环球巨兽（Monster Worldwide），它在中国的样本是智联招聘和前程无忧。环球巨兽曾是美国最大的全行业在线招聘网站，体量很大，但是其盈收在短短几年内就被一家专门做互联网行业招聘的网站戴思控股（音译，全名为 Dice Holdings，2015年4月22日更名为 DHI Group）突破。这个现象曾经让许单单和同事们觉得互联网垂直领域的招聘会是一条新的出路。

既然国内还没有一家像戴思控股一样的互联网垂直招聘，为什么不把拉勾网的招聘重点放在互联网领域呢？而且，这一行业是许单单自己最熟悉的，3W咖啡馆积累的线下资源也可以完全导入这个招聘网站中。

许单单的决定得到了伙伴们的支持，外界却有怀疑声：

"你们不知道招聘这一行水多深吗，年轻人？"

"你们没有任何招聘行业的背景，没有办法和现在的招聘大佬们抗衡。"

鲍艾乐不相信这样的说法，谁说他们没有"背景"呢？坐在3W咖啡馆里的所有创业者和投资人就是他们的背景。水深又怎么样呢？时代不一样了，她坚信互联网时代真正可以召集用户的是那些既能满足需求又十分好用的东西。

既能满足需求又好用的东西是什么样的？这个问题需要马德龙来回答。他是腾讯出身，从那里带来了腾讯的产品真经，其中最重要的一点就是"用户场景"，即**把自己当成用户，去模拟他们在操作时的每一个情境和步骤，去体验他们的感受**，从而真正做到从用户的角度出发。

于是马德龙开始思考一个从事 IT 行业的人会怎样找工作。

他可能会先上招聘网站。首先是智联招聘和前程无忧，打开页面的一瞬间，作为对用户体验十分敏感的 IT 行业人士，他觉得招聘网站的页面真是全世界所有网页当中最丑的了，而且满满当当地铺着各类广告，信息展示杂乱无章，完全不知从何入手。

好不容易找到自己行业的招聘信息，问题来了：计算机服务和软件开发之间的区别是什么呢？为什么是两个行业呢？还有，那家招聘的公司到底好不好？小桔科技是哪家公司？为什么不直接告诉我其实它就是滴滴打车呢？为什么薪资永远是面议？

纠结了许久，百度了许多信息，甚至脑补了许多画面后选了一家公司，接着就是漫长而艰辛的个人信息填写。好不容易填写完简历，他却并没有觉得轻松多少，相反，真正揪心的时刻才刚刚开始：自己的简历有多少人看过？什么时候才会有回音呢？这些问题的答案他都不知道，因此为了保证自己的简历被人查看的概率高一些，他只得一遍遍重复投递。

过了许久，可能只是三五天时间，但他就是没有收到任何关于简历的反馈，上面提出的问题他依然没有答案。这让他很沮丧，甚至有些心慌，更让他气结的是自从那次填写简历之后，他就开始收到一些关于职位的推荐。可自己明明在上面登记的是工程师，为什么总是接到诸如建筑行业的工作邀请呢？

太可怕了，简直是灾难。

美国西北大学社会心理学家菲利普·布里克曼（Philip Brickman）曾组织过研究小组，专门研究中奖彩民的幸福水平。研究小组发现，在刚得到一大笔财富时，中奖彩民会非常兴奋，但兴奋感很快消失，他们逐渐对许多中奖前喜欢做的事情也失去了兴趣。几个月后，他们就会觉得，自己并没有比中奖前更幸福。布里克曼把这种适应现象称为"享乐适应证"。众多关于"享乐适应证"的研究表明，从进化的角度来看，被宠坏是一种必然。而在招聘领域，在没有强大的竞争对手出现之前，传统招聘网站已经被企业端客户宠坏了。

如果已经从事IT工作几年的人，现在想换个平台呢？这时候他不会再考虑上招聘网站，因为会有猎头主动找他，也许还可以通过熟人介绍。这时候他希望得到更加透明的信息，比如公司前景如何、薪资多少、创始团队或是公司背后的支持者是谁……但是现在的猎头是否能提供这样的服务？他们的缺陷在哪儿？

所有的思考都是马德龙对用户场景进行深挖的结果。首先他建立了一个用户场景——在智联上找工作。然后围绕这个场景展开活动，因为用户行为必须放到特殊的场景中才有意义。这实际上也是在场景中对用户的行为进行调查。紧接着进行用户行为分析，比如在使用网站的过程中，哪一步是他喜欢的，让他觉得很方便，哪一种信息展示是他需要的，哪一类的服务是他渴望但是没有获得的，等等。

在进行了这样的思考之后，马德龙为拉勾网确定了两个关键词：

尊重——尊重求职者，不再以企业为中心。

互动——招聘网站不再像原来那样只有死板的信息展示，企业的创

始人、招聘的负责人和用户可以有更深的交流和互动。

于是 2014 年 7 月,拉勾网和 3W 咖啡馆的新店一起开张了。说实话,那个时候的拉勾网版本特别粗糙,但互联网产品讲究的是小步快跑,不断地在市场的需求中更新换代。

这一次,市场告诉马德龙他们做对了。以前的商务社区不管怎么推用户从来也不增长,但是这次拉勾网上线后,没有怎么推广,数据却一直往上涨。这说明他们摸到了用户需求的脉——招聘行业的最终目的在于实现人才的最佳配置,社交无法真正解决这一实际性的问题。

好用的东西总是很快被大家接受。传说马德龙自己的设计师就是从拉勾网上招来的。那天晚上 11 点,马德龙正在看手机,这时微信上收到了一条来自拉勾网的推送消息,显示有人在拉勾网上应聘他发布的职位。马德龙看了简历,觉得可以约这位应聘者聊聊,便回复了。

第二天,马德龙接到了电话:

"马先生吗?我昨天晚上在拉勾网投了简历,两分钟就收到了您的回复。是您亲自回复的吗?不是你们的系统自动回复的吧?"

"是我回复的,不是系统回复。"

于是对方感叹:"拉勾真是懂我。"

马德龙的想法很简单,通过微信平台让最了解自己需要什么样人才的人招人,人力资源主管或者业务主管都可以招人,所有的简历都会推送到微信平台上。看到了就回复,这样就不会有求职者的简历投出后便石沉大海的现象,他们会觉得自己得到了企业的尊重,这对企业来说也可以促成品牌的提升。

当然,实时查阅、实时回复让招聘和入职的效率都得到了提升。但是如果没有解决"薪资面议"的问题，依然会影响双方的心情和入职效率。

比如你想到一家公司应聘产品运营，人力资源部门觉得你的简历不错，交流起来十分愉快，于是让你第二天去见主管。你们依然十分合拍，于是你被安排第三天去见人力资源主管，通常这个时候你才知道人家开给你的工资是多少。如果薪资大体合适，那么万事大吉，双方合作愉快。如果不合适呢？你想要月入 2.5 万元，对方只能给你开 1.8 万元。最后，大家不欢而散，前面的几天时间全都白费了。

马德龙兴高采烈地决定在拉勾上网线"必须注明薪资"功能，并且将这个功能称作"面议你妹"。至于人力资源主管们担心薪资公布后会不会有什么影响，马德龙只想说："你们想多了。"为什么不能在招聘时就把工资的事说清楚？毕竟职位从本质上来说就像是商品一样，需要明码标价才有人愿意过去买。如果商店里摆的东西没有标价，谁也不会想要。事实上，薪资透明是在求职者与企业之间建立的一种信任机制。马德龙认为拉勾网作为一个职业介绍的中介必须成为一个公平而且诚信的平台，做到自身诚信不发虚假职位的同时，也要保证在平台上的供求双方都保持诚信，否则就没有人愿意找你给他介绍工作了。

作为规则制定者，对于无视规则的行为，拉勾网一视同仁。曾有工作人员发现京东在拉勾网发布的招聘信息中，无论是前台、开发工程师、产品经理等职位，薪水都是 1000 元，工作人员立即联系京东的人力资源部门，要求对方按照网站规定，发布确切的岗位薪水金额。京东很快又将所有人的薪水改成了 1 万 ~ 1.5 万元，依然没有区分。因此，拉勾网的工作人员按照规定对京东的招聘信息做出下架处理。京东方面发现后，与拉勾网数次交涉，但仍然不愿意更新信息，甚至还找到马德龙说情。

但是恪守规则的拉勾网，直到京东方面按照规定完善了发布的招聘信息后，才将职位重新上架。

事实上，马德龙恰恰是用"卖东西"的思路来设计拉勾网的主页的。

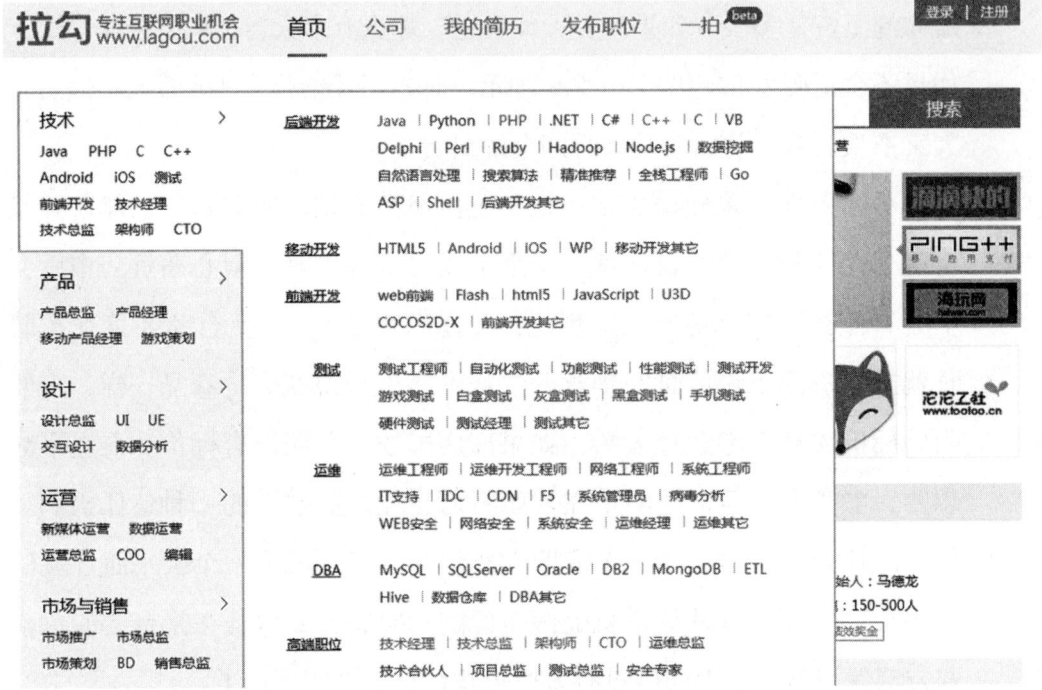

这种页面设计让人有种进入了京东页面的感觉，上面对职位的各项分类细致而且系统，很多职位在传统的招聘网站上根本没有被细分出来。这无疑体现了拉勾网作为互联网领域垂直招聘网站的专业性。而且过了60天，这些职位就会强制下线，就像过了保质期的商品会被下架一样。这样做也是为了保证职位的有效性，避免有人发布虚假职位。

在"把职位当作商品"的思想引领下，"面议你妹"的功能被强力地执行，即使再优质的公司，如果不遵守这项规定也会被拉勾网拒绝，比如特斯拉。"没有明确的职位薪酬，会影响求职者的判断，浪费求职者的热情和时间。"这是马德龙对拒绝特斯拉的回应。

如果说这项功能触动了企业的神经，那么关于"投递简历必有反馈"的功能不仅让用人企业震动，对拉勾网内部的员工来说也有不小的震撼。

拉勾网在上线之初就打出了"每一份投递都会有回复""极速入职，职位不过夜"的口号，但在一开始这不是一项强制性的要求，企业和拉勾网依靠默契来执行。但并不是所有企业都和拉勾网有这样的默契，马德龙决定用技术手段将这个口号式的功能变成强制性。不及时回复简历的企业就无法在拉勾网上得到更多优秀的简历。

最先对此产生怀疑的是拉勾网的员工："你再考虑考虑，会得罪人的。"

但是马德龙坚持自己的选择。始终进入用户场景是他衡量拉勾网各项决策的标准，用户用得舒服了，那就是对的。企业面对求职者投来的简历没有回复，这对于求职者来说是一件很"虐心"的事。这种感觉不是马德龙自己的想象，而是他通过对几百位换过工作的人进行调查后得出的结论：找工作最可怕的不是被拒绝，而是不知道自己的简历是否被人看过。

所以，马德龙觉得上线强制企业快速回复的功能是正确的。做正确的事，比正确地做事更重要。这是一名合格的互联网产品经理应该有的觉悟。

拉勾网在用户场景上想了很多，有时候真是让人感觉拉勾网团队为用户"操碎了心"。

为什么在选择就职城市的时候只能选一个，甚至职位也只能选一个，简历也无法像在其他招聘网站上那样海投？因为拉勾网想告诉求职者：找工作是一件关系未来发展的大事，你得仔细想好今天的方向，想好自己以后到底想做什么，而不是见工作就上。而且只提供一个选项也是迫使求职者选择那个自己最有可能被录取的职位，这样就提高了入职的概率。事实证明，拉勾网的这种考虑是正确的，马德龙说他在互联网工作了10年见到的EDM（电子邮件营销）转化率最高的地方就是拉勾网——达到了40%。

除此之外还有更加精准的用户数据匹配，做到了1000个人打开拉勾网就有1000个拉勾网的样子：PM（Product Manager，产品经理）来找工作，显示的就是PM的招聘信息；是Java工程师，首页的推荐就和Java相关。比如一旦用户的某份简历被拒绝，拉勾网就可以通过数据分析马上向他再推荐一份十分类似的职位。再比如企业信息显示的一定是它最为用户熟知的名字，美团网招聘就直接显示企业名称为美团，而不是像传统招聘网站那样显示"三快科技有限公司"。

另外，就连用人企业的背景，拉勾网也帮用户深挖了出来，比如公司的具体办公地址在哪里，创始人是谁，他的头像什么样，有没有微博，如果是创业公司的话处于第几轮融资等。拉勾网仿佛生怕在这里找工作的人误入"狼窝"一样，因此做了其他平台没有做的事。而这些信息正是求职者在找工作过程中想要知道的最关键信息，也是决定求职者是否向这家公司投递简历的十分重要的因素，因为总得知道这家公司的底细才能知道它是否符合自己的工作规划和预期。

像这些为用户考虑的做法，是马德龙在做产品时的第一出发点，这个出发点可以为他带来很多杠杆效应。这也是腾讯带给马德龙的产品真经之一。

产品上线后想要聚集用户、形成传播，最佳的方式就是为它寻找一个杠杆。拉勾网的热启动换个说法就是以3W咖啡馆线下的资源作为杠杆。在拉勾网启动后，马德龙将所有的精力都用在服务好求职者上，正是希望求职者成为拉勾网的杠杆。求职者认为拉勾网服务好，就会在拉勾网聚集，因为互联网行业人才供小于求，企业看到拉勾网成为人才聚集地之后就自然而然会到拉勾平台发布职位信息，这就是杠杆。

不过，要想让求职者在拉勾网得到极致的体验，除了坚持站在他们的角度做产品之外，偏执也是一大要求。偏执，就是细节上的精益求精，不但在产品的硬件体验上，更要在用户的情感体验上做到极致。比如用户注册页面上的基本信息填写。一般网站都不太注意用户在这一页面的体验，但是马德龙和产品团队花了整整一天的时间思考如何在这里让用户觉得温暖。在否定了无数个方案后，他们决定在这一页面写下一句话：留给我们一些信息，让我们更好地了解你。

这句话比"请填写个人信息"更有温度。它可以对用户产生触动，让他们觉得自己在拉勾网就像上帝一样被尊重。

这是一种深入体验，对每一个细节、每一处体验的感同身受。

它和场景深挖、产品杠杆、用户中心一起构成了拉勾网的产品之道。它颠覆了传统招聘网站十几年来绕着企业转的做法，转而以求职者为"上帝"，以满足他们的体验和需求为主。

美国的一位文学老师海尔特，在教授梭罗的文章时，让学生们"裸"跑到荒郊野外，走进大自然。所谓"裸"，是指不带任何工具，没有手机、没有电脑、没有宠物，切断和外界的一切联系，只剩下风景。结果，这一堂课的效果超出预期，进入场景中的每一个学生对梭罗为什么要生活在荒野都说出了自己的体会，对超验主义的理解很独特。

这就是进入用户的场景。

现在拉勾网有自己独立的财务结构，是3W集团旗下的公司。马德龙作为CEO依然以做产品的思维来运营这家公司，这是拉勾网的运营心法。在这种心法的指导下，拉勾网敢于站在用户的角度去为一个有十几年老传统的行业定义新规则。这些新规则让拉勾网逐渐成为一个将精细化服务做到极致的服务型产品，这就是它的核心竞争力。当这种精细的服务为拉勾网赢得了越来越多的求职者时，就带动了企业用户，形成了推动拉勾网成长起来的正向循环。

瞎子走路：寻找天使用户，先用后改

一个新产品问世，意味着寻找天使用户的开始。

【拉勾网网站新版本上线啦】拉勾网新版本在"千呼万唤"中新鲜出炉啦！在职位分类方面，新版本进行了优化归类，并新增了游戏类职位！新增专题展示区可查看各种惊爆专题信息首页专题。最重要的"搜索优化"方面，我们搜索区分公司和职位，使搜索更加精准化，快速定位想要的。这么超炫酷，赶紧来瞅瞅。

这是拉勾网2014年4月18日发布的一条微博。显然，拉勾网正在使用最简可行产品（Minimum Viable Product，简写为MVP）的产品方法快速尝试，验证最简可行产品。

优步（Uber）也是这么干的。创始人特拉维斯·卡兰尼克（Travis Kalanick）和加勒特·坎普（Garrett Camp）把自己的司机给辞退了，买了5辆奔驰，雇了5名司机，找了十几个朋友，大家一起来尝试全新的乘车出行模式。一段时间后，他发现，其实用很简陋的手机应用就能够叫到司机，而且比用自己的司机还方便。有更多的朋友开始说，你们开放密码吧，我也把司机辞掉，我也要加入进来。

互联网颠覆了市场的许多早期理论。产品的营销早已不是工业时代以薄利多销占领市场来取胜，取而代之的是，产品早期使用者的口碑传播与能够带动大众的领袖意见决定了产品的生命周期。如果将产品营销看作一袋密封的大米，那么最先划开大米口袋的人，就是决定大米能否快速进入使用阶段的人物。互联网产品的营销中，企业通常将第一批尝试者中最认同产品并希望更多人认同这个产品的人称作天使用户。因为，这批用户对于企业来讲，就像天使投资一样及时而可爱。这些最初的尝试者往往决定了一款产品的口碑，而一款产品从最初形成到成熟所依赖的推动力就是使用者的口耳相传。

美国新墨西哥大学教授埃弗雷特·罗杰斯（Everett Rogers）最早提出"技术使用周期"理论，后经过杰弗里·摩尔（Geoffrey Moore）加入鸿沟理论而完善。"技术使用周期"是工业时代人们对产品从问世到消亡的使用群体的使用过程的总结：

"因好奇心而最先购买新产品的创新型用户；先于别人体验杀手级应用软件的早期用户；等待技术完善、价格充分下跌后再购买的实用主义者；最后成为得到验证的产品用户群体的保守主义者；直到最后仍不

接受新事物的用户群。"

对于旁观者来讲，文章开头引用的那条微博同时也是在印证拉勾网的 CEO 马德龙对于做产品的方法论：**先有＞后用＞再优化**。

"先有"，就是要用最快的速度满足用户最基本的需求，仅仅是最基本的需求。

"再用"，就是观察用户使用的数据，同时结合自己体验产品的感受，来对产品上线后的情况进行分析。

"再优化"，是根据分析和观察，把产品的核心流程逐步地丰富起来，让用户的具体感官体验达到新的高度。

从马德龙的方法论中不难看出，他对产品营销的第一步的要求十分简单，甚至可以说有些粗糙。拉勾网展示给最初的天使用户的，仅仅是最简单的基本需求。马德龙并不期待能将产品一下子做到极致完美，他更看重接下来通过用户反馈意见有针对性地、精准地丰富产品。用他自己的话说就是："让更多的天使用户爱上你是不够的，知道他们为什么爱你最重要。"

《连线》杂志创始主编凯文·凯利（Kevin Kelly）曾在《技术元素》中提出 1000 名铁杆粉丝理论（假说），他预测：创作者，如艺术家、音乐家、摄影师、工匠、演员、动画师、设计师、视频制作者，或者创作者能够拥有 1000 名铁杆粉丝，他们便可以辞去全职工作，依靠与粉丝联系获得的收入而生活。

凯文·凯利说："保守假设，铁杆粉丝每年会用一天的工资来支持你的工作。这里，'一天的工资'是一个平均值，因为最铁杆的粉丝肯定会比这花得更多。再假设每个铁杆粉丝每天在你身上消费 100 美元，如果你有1000名粉丝，那么每年就有10万美元的收益。"

因此，如何找到这1000个粉丝，并且知道他们为什么对你的产品情有独钟是最为关键的。这批用户，无论对你是喜欢还是厌恶，都是你的天使用户，能帮助你在后续的产品修改优化中带来二次传播。

很多企业习惯在最初推荐产品的时候，就将产品做得十分圆满。而对马德龙来讲，产品圆满意味着产品时代的完结。他讲过这样一个例子："有个同行，他们有一款产品，也是做互联网人才招聘的，他的团队技术非常好，有谷歌等大公司出来的工程师，他们做的产品跟拉勾网其实是同时代的产品，它的第一步就选择了用极其强大的大数据做数据挖掘和推荐。但后果你们已经知道了。"

并不是所有网站都能像脸书（Facebook）一样，在产品与天使用户的故事中书写传奇。一个产品的尝鲜者中，出现天使用户的概率不超过5%。如果进一步在少数的天使用户中寻找具备影响力和高辐射效应的用户，则会更难。所以，天使用户除了为产品最初营销形成特定氛围，并吸引同类型的新用户外，他们所提供的用户数据和积累才是其价值的关键。饭否的CEO就曾经以腾讯微博的数据调查为依据，证实天使用户的吸引力只能针对其自身的强关系圈。而多数的产品用户是基于对产品的设计与功能完善的认同而形成的。天使用户对于产品的认同感相对感性，且存在不稳定因素。所以，其价值最主要还是体现在印证产品的闪光点和独特性上。

拉勾网产品的最初版本都相对粗糙，根据用户反馈不断进行改进完善才有现在的巨变。马德龙十分注重以改进用户体验为重心来完善产品的过程，对于没有人力资源经验的拉勾网来讲，这有些困难。他们只有通过各种渠道与用户深入交流，了解用户诉求，从而完善产品。产品进行至这一阶段时，拉勾网天使用户反馈的每一条产品意见对于马德龙来说都弥足珍贵。

拉勾网的论坛里永远有一个人与每个用户聊得热火朝天，那个人就是马德龙。知乎里在拉勾网产品提问下面，经常有类似这样的回复："你上次提到的那个问题我们可以再讨论一下。""上次的建议不错，已经采纳了。"这同样是出自马德龙之手。除此之外，马德龙还通过与用户的交流了解到，拉勾网的企业端中很多公司因为名字使用不当，导致求职者对公司丧失兴趣。例如滴滴打车所使用的北京小桔科技有限公司，团800用的是团博百众科技有限公司。对此，马德龙在拉勾网的新产品中，不但将原有企业的名字、产品、发展阶段罗列出来，还将企业按照融资阶段分为初创型、成长型、成熟型、上市型4种类型，并注明了投资方，连同投资方的CEO资料及履历都可一键查询。

活跃在拉勾网上的，除了拥有丰富职场经验的用户外，还有许多初涉职场的新人。

对于这类用户，马德龙表示："20多岁时，我们还是很有个性的，希望寻找和尝试在情感和价值观上有认同感的公司。对于这个年龄段的人而言，兴趣和工作结合才是他们最向往的事情，他们有一个非常好的时代环境能够选择自己感兴趣的公司。而在以前，原有的招聘产品并没有解决这个问题。"拉勾网作为招聘、求职的垂直平台，需要全面了解自己的所有用户。关注主流用户的同时，更要着重为部分对于职场不甚熟悉的用户提供更完善的产品机能，更快捷、便利的操作流程和更优质的使用体验。

马德龙根据对用户的数据调查和自身经验，总结了一套服务于初涉职场的用户的理论：

第一，专注解决互联网行业招聘中人才和职位的匹配问题，分析用户的每次行为，提高适配度。

第二，要求企业对每份简历做出回复，面试中每一个环节进程都可查询追溯。

第三，提供"有情怀"的职业分类，包括"职场辣妈""二次元""职场小鲜肉"等文化标签，帮助用户根据企业文化与自我兴趣寻找适配的公司。

拉勾网专注于改善产品的用户体验，而体验在不同时期和不同用户间体现出的形态也不尽相同。马德龙说："当我们20岁左右的时候，60后、70后觉得80后是新新人类，而现在我们会觉得90后是这样的。其实这不是80后和90后的标签，而是20多岁和30多岁不同职场经验的标签。"

成功的产品营销虽然十分重要，但是并不能代表企业成功的高度。换句话讲，产品成功不是真的成功，能够推动企业发展和品牌成功才是真正意义上的成功营销。

制造并能掌控一定的"负面"信息

北京有一家名为"80后"的火锅店，老板是两位80后女孩。

她们用黑板、娃娃书、时代海报、掌上游戏机、小霸王游戏机等80后特色，将餐厅布置成教室风格，并统一使用80后店员。除此之外，餐厅还对进店消费的顾客提出严格要求：只准80后进店用餐且享有折扣，饭前要通过各类随堂考试，如根据提示写出相关动画片的名字等。

一家餐厅对于顾客设置这样的"高门槛"不免引来非议，且就餐需要提供身份证更让许多消费者感到恼火。被拒之门外的顾客对餐厅的"无理"感到不满，不满就会到处发牢骚。有相关人士对此发表评论："你每次骂它都是增加它的传播量，给自己制造负面冲突其实也是一种传播的方式。"

这就像媒体人申音曾提过的"比特思维"，即用1和0两个数字，任意组合，可以带来无穷尽的变化，营销的关键不在于你花多少银子，通过什么渠道实现，而在于它起到了什么效果。

拉勾网上线初期，也曾招来一片骂声。

拉勾网对入驻的企业有一些强制要求，比如低于规定的职位与薪水绝对不允许发布。这样的做法引起许多企业不满，部分企业大骂拉勾网变态。但"骂"可能正中许单单的下怀："骂我们的时候，对我们就是一个宣传。"

不仅如此，拉勾网还曾想投资一个相亲节目，与80后火锅店的"负面营销"模式相似。相亲行业目前操作比较困难，主要原因在于活动中美女很多，但是男士很少。据调查，男士对于相亲节目"不感冒"的原因很多，譬如工作、时间等因素，但最重要的是，活动中的美女对男士没有产生完全的吸引力。因此，许单单想制定一项女士要求规则：1.60米以下的女士不能参与活动。美女参加活动前需经过3名男生面试，如果不能被他们同时认定为漂亮，就会取消活动资格。这就等同于给活动设置了一个十分严苛的门槛，站在门槛外的美女对此十分不满。

但是，许单单认为这是一件好事，因为"一个女生过来，结果我们说'你太丑了'，不让她参与，她会特别生气，甚至到处骂我们。但是这种话说出去之后，所有男生都会对这个组织充满向往"。

不过需要注意的是，**引起客户不满不是目的，用言论散播品牌引发公众关注才是重点，这是"负面营销"的切入点**。有的企业会采取自曝产品缺点的方式进行营销，例如日本一家钟表店在发售某款手表时，提前宣布手表走得不太准确这一劣势，引发消费者热议，使原本滞销的产品一时间销路大开。

负面营销之所以可以取得良好的效果，是因为当前许多人对于"正面新闻"审美疲劳，对"负面新闻"的新鲜感与热情度高涨。

民智未开、闭目塞听的年代，负面新闻相应的就是负面效果。而当下人们对于消息的获取渠道十分广泛。"坏消息才是好消息"的说法日渐流行，人们对于负面新闻的理解不再是单纯地认同，而是在新闻的基础上猜测分析得出个人观点。

媒体对负面新闻的报道越细致、越丰富，人们对于事情本身了解的就越多，因而引发的猜测与好奇心也就越多。企业"负面营销"是同样的道理，负面新闻出现的同时，曝光率就会变高，人们的关注度随之也就变高。

不过，使用这种营销方式的过程中需要谨慎地做好每一步，以下几点建议至关重要：

1.创意选取要打破常规，具备感官冲击力与炒作价值。

2.准备实施时需完整策划整个实施过程，经过市场调研规避操作风险。

3.应在合适时间、合理地点正式实施。由事先做好突发意外情况应对准备的人员通过合理方式公布消息。

4.实施过程中必须有相关部门时刻监控营销的正面和负面效果。

5.效果测定要从整个营销事件的成本与效果出发进行评估,避免片面分析因小失大,得出营销结果的同时总结出相关营销经验。

6."负面营销"并不适用于所有企业,能够成功操作这一方案的企业,必须在人力、财力等各方面,具备抵抗营销带来的高风险。营销本身的目的是通过媒介最大限度地推广品牌,并非真正意义上的制造负面影响。所以企业一定要在与媒体积极沟通之后正确使用"负面营销"。

当真正的负面消息到来的时候,同样要善于转危为安。

20世纪70年代,曾有人诬称麦当劳的肉饼用蚯蚓滥竽充数。一开始麦当劳没当一回事,只有一个高管出来反驳:这个说法完全是诽谤,没有证据。但是面对"你的汉堡有蚯蚓"的指控,这位高管的反驳显得苍白无力,也缺乏传播的黏性。

舆论对麦当劳越来越不利时,雷·克罗克(Ray Kroc,将麦当劳兄弟的餐厅真正打造为快餐连锁王国的缔造者)却说:"我们可负担不起蚯蚓。一磅牛肉饼只要1.5美元,而制作蚯蚓肉饼,先要请人去抓蚯蚓,然后再剁碎,那可得4倍价格才能吃得到啊。要是有人卖给你蚯蚓汉堡,可得小心哦,里面偷加了牛肉。"

这是相当出彩的驳斥思路,和负面消息一样充满传播度,借力打力,谣言被轻易击碎。

　　实施"负面营销"并非万全之策。负面新闻的"度"一定要控制在受众的心理接受范围之内，更要以符合法律规定为前提。而且，"负面营销"的低成本、高效率也隐含着高风险、高起点、高难度的特点，所以，企业在选择"负面营销"之前，一定要衡量自身资源、能力，才可按程序进行操作。

第三章
招聘是一场好玩的 O2O

📶 场景延伸：先玩嗨，顺带把求职这事办了

2015 年年初，绿柳湖畔，夜宴刚刚拉开序幕。

银华楼中，在场的人时而交头低语，时而抬头欣赏台上乐队专业的表演，另外还有一些人不时地在台上分享各种互联网新闻与新名词。

很难想象，这是一场由拉勾网打造的求职活动的现场。

一位创业公司的 CEO 正在和记者交谈："刚到现场的时候很有当年在硅谷的感觉，而且中国有餐桌文化，在这样的环境下交流会更舒适……参加的全部是技术人员，大家水平差不多，聊起来也非常愉快。"

在马德龙看来，这是拉勾网作为一家互联网招聘企业，专门成立机

构来运作招聘项目的 O2O 尝试。

"2014 年的中国互联网界野心勃勃。沉稳如马云、桀骜如陈欧，都在这个年度实现了自己的承诺和欲望。所以拉勾网在年底发心做这个名为'野心年代'的策划，我们期待野心和野心汇聚在一起，就像柴火和柴火汇聚在一起，彼此照亮，彼此温暖。"这场拉勾网夜宴在 2015 年年初公开发布，消息一传出，就轰动了互联网业界。

这是拉勾网线上活动的首次线下场景延伸，也是拉勾网实行 O2O 模式的一个新开始。

O2O 模式是由美国企业家亚历克斯·兰佩尔（Alex Rampell）在 2011 年提出的电子商务新模式。继 B2B、B2C、C2C 之后，O2O 在美国兴起。据调查，美国作为电子商务发达国家，在线消费比例却只有 8%，实体店的消费比例则高达 92%。数据显示，在电子商务时代，并非只有在线消费可挖掘，将线上消费吸引到线下消费仍存在很大的空间，O2O 电商模式应运而生的根本原因就在于此。

我们可以用大型相亲类节目《非诚勿扰》这个例子来展示 O2O 的可行性。"世纪佳缘网""珍爱网""百合网"等相亲网站，原本在线上给单身男女提供异性信息，帮助有意向的男女取得联系。《非诚勿扰》则算得上是这类网站的 O2O 模式，节目打造了一个相亲平台，通过在线联系用户并将用户推送到节目中进行面对面交流，将线上成功有效地转至线下。

拉勾网 O2O 模式打造的求职夜宴，从某种意义上讲，可以界定为一场高端的招聘会。参加夜宴的求职者必须有 5 年以上的互联网工作经验，之前职位相对较高，是公司的技术骨干，年薪达到 30 万元以上。

原本服务于这类人群的多是猎头，因为国内猎头行业的业内交易模式还未成长到一定高度，所以求职者与企业方都对其表示不甚满意。拉勾网夜宴以线下活动的方式，推动求职者与CEO面对面深度交流，让求职这件事变成在"宴会"上喝着香槟、听着音乐就可以解决的轻松活儿。

拉勾网夜宴将互联网线上求职落地为社交，把找工作定义为吃饭交朋友，主要出发点在于对弱关系力量的合理利用。关于弱关系社交成功搭建梦想桥梁的例子，其实很早就出现过了。

故事发生在1765年的英国伦敦，一位异常聪明却不善交际的牧师约瑟夫·普利斯特里（Joseph Priestley）身上。牧师平时很少与人交往，多数时间都待在实验室里进行科学研究。

12月的一个周四，一场聚会活动打破了牧师安稳的生活状态，并改变了他的一生。这场活动举办者的名字在美国家喻户晓——诚实辉格党人俱乐部，创始人是避雷针的发明人本杰明·富兰克林（Benjamin Franklin）。当时出使英国的富兰克林每周四都会和朋友们聚集在伦敦的咖啡馆中，讨论神学、政治、文学等领域的新论题。牧师来参加活动的目的，是想要得到科学家电学研究进展的反馈。

最终，牧师不但得到了自己想要知道的科学进展，并与活动的参与者们成为朋友。他们将俱乐部的私人图书馆开放给了牧师，并提出为牧师以后的科学研究论文审阅手稿。也正是因为这场聚会，牧师才有机会成为富兰克林的门徒，成为人类历史上第一个分离出氧气的科学家。

学术的研究可以在聚会的闲聊中进行，求职也未尝不可。拉勾网夜宴，在某种意义上与诚实辉格党人俱乐部的形式很相似。不同的是拉勾网夜宴以互联网科技行业为核心，将求职落地为社交活动，迅速形成社群结构，把原本十分严肃苦闷的求职融入宴会,让参与者先玩嗨,再顺带把求职这事也办了。

这样一场求职盛宴所产生的效应,并不容易量化。

很难说清两个人的交流或者彼此点赞价值如何,但是站在开放平台的基础上,初步分析社交红利,不难得出社交红利的影响因素最终指向3个原点——信息、关系网、互动。信息随着关系链在社交网络中流动,影响着每一个人,每一个人也在影响着他人。红利正是通过这样的社交方式产生,如果用公式表达的话,就是:**收益 = 信息 × 关系链 × 互动**。

夜宴是一种场景的延伸,通过社交最大限度地制造关系结点,让和痛点相契合的信息在不同结点之间流通,形成关系链。

拉勾网夜宴所带来的关系网,也是生活化的社交网络。每个人都是一个点,人与人之间的联系就是点与点之间的关系链。如果说信息是原材料,关系链就是支撑社交活动的"骨架"。对于社交关系链的描述,最贴切的当属核物理学中的核裂变反应,以铀235为例,当一个铀235原子核受到外界中子轰击时,受攻击的原子核会裂变成两个较小的原子核,同时释放2~3个中子。而新释放出的中子又扮演"进攻者"的角色,去轰击别的铀235原子核,如此周而复始下去。与此相类似,当一个人接收到对自身有影响的信息(受到"轰击")时,他会通过转发等手段继续影响他的朋友("裂变"式的社交),让一条关系链的不同结点发生碰撞,最终解决痛点问题。

互联网招聘经过近年来的C端升级,也相继推出用专车接送求职者上班、强制招聘企业薪资透明等服务。但是这样做并没有抓住求职的痛点,真正对于求职者有直接益处的是招聘资讯与机会,就好比一个乞者最需要的是一个合适的乞讨地点一样，强制路人施舍并不能真正帮助他。

对于求职者，能够与各大企业的 CEO 当面交流，跳过冷冰冰的简历投递和程式化的面试环节而进行毛遂自荐是再好不过的。聚美优品、无忧英语、格灵深瞳、海玩网、51 用车、钱方银通科技、晶合思动、为艺科技等互联网公司都参加了拉勾网夜宴，一方面给求职者提供最合适的工作岗位，另一方面则分享互联网发展的新动向。这就是互动在关系链中的价值，相当于水的流动过程。招聘信息等原材料通过"水"的运转，在"骨架"上运行，传递至关系网中的每一个点。

心动感：以 C 端用户为本

2014 年 12 月 13 日，3W 咖啡馆里人山人海，拉勾网的招聘周活动正在举行。小蔡在走进这里之前，从来没有想过招聘会可以这样办。

企业与企业之间不再有隔板作为阻隔，求职者觉得一家企业不适合自己，转过身来就可以和坐在隔壁的另一家企业谈。出现在招聘现场的也不再是企业的代表，而是企业 CEO。3W 咖啡馆里人挤人，小蔡看得目瞪口呆，许单单则在一旁担心楼是不是要塌了。看着那些在门口进不来的年轻人，他除了抱歉还是抱歉。

小蔡看到荣昌 E 袋洗的 CEO 陆文勇已经被求职者团团围住，原本一对一的面试变成了临时宣讲会。这次宣讲让陆文勇找到了合适的人，当场他就发出了入职邀请。其他人也在与陆文勇的直接对话中得到了很好的职业建议。这种场面，小蔡从来没有在其他线下招聘场所中见过。

类似快速高效的入职过程在拉勾网的线上招聘或线下活动中并不少见，问题是拉勾网为什么会选择年底这个招聘淡季来做一个反季节的招聘周活动呢？因为对于拉勾网来说，年底正是 C 端用户找工作的"萌动期"。

许多人在年底的时候其实就有换工作的想法，心思浮动得厉害。可是，有了换新工作的想法，却只能等到第二年年初去找工作，因为所有公司都是在年初才开始招聘。这时候小蔡就会陷入两难：如果年初先辞职再找工作，万一不能及时找到心仪的呢？

所以，这次年底的"招聘风暴周"是拉勾网为那些新一年工作计划有变动的人提供的一个机会，手里拿到一个满意的 offer（入职邀请），心里有底，过完年就可以投入让自己开心的工作。拉勾网只不过是帮他们多想了一些，并且推了他们一把。

紧接着年底这次"招聘风暴周"，拉勾网在第二年的 3 月举办了一次"全民跳槽月"活动。3 月的这次活动依然是想帮助求职者理顺自己的职业规划。比如你在年底总结一年的经验，反思自己的工作，如果对自己的工作不满意，发现它不适合自己时，就可以在 3 月的这次跳槽月来找工作。拉勾网为你提供了一个很好的平台，有众多优质的互联网公司在这里招人。而且在拉勾网的活动里，你还可以和企业家面对面，得到更有针对性和更为专业的职业建议。这样就避免了人才的盲目流动。

但是，并不是所有人都能在拉勾网组织的"跳槽狂欢节"里实现自己的规划。一名原本任职华为的员工就被拉勾网"劝退"了。

原来，拉勾网还是专门的职场顾问。当工作人员看到这位想从硬件领域转入互联网行业的华为员工在拉勾网上留下的资料后，和对方进行了一次深入交流，最终说服对方继续留在原来的工作岗位上。因为拉勾网在与他交流的过程中发现，他在找工作时没有明确的规划，进入互联

网领域对他来说并不是一个明智的选择。

传统招聘网站不会向求职者提出这样的建议，因为他们服务和收费的对象一向是企业，也就是 B 端用户。但拉勾网的价值观，是一切以 C 端用户为本，也就是一切服务都要围绕求职者展开，求职者才是拉勾网真正服务的对象。

拉勾网针对企业制定的各项规则其实也是以 C 端为本的体现。对于企业来说，极速回复、薪资透明等也许会增加人力资源部门的工作，但是对于求职者而言则极为有利。例如拉勾网坚持在招聘流程上做到步步跟踪，就是因为 C 端用户最需要这种服务。之所以敢对 B 端企业提出近乎苛刻的要求，也是因为互联网企业本身人才供给有极大缺口。在这种情况下，拉勾网对企业就有了很强的谈判资本。

以 C 端用户为本并不意味着拉勾网就全然不顾企业的利益。事实上，对于拉勾网举办的各项活动，它所制定的各种规则在有利于人才的同时，也"逼迫"企业更好地经营自己的形象和信誉。所以，通过拉勾网作为中间人所形成的驱动，人才和企业将实现双赢。

就 3 月的"全民跳槽月"活动而言，它对于企业来说是一个刚需的满足。无论是大公司还是初创企业，年初的这次招聘有时候会决定一年的工作规划，是企业不得不把握的一个时间点。这个时候拉勾网让企业在线下"秀"出自己，展示自己的文化，让企业负责人在专门开设的区域内和人才进行直接交流对接。这些安排比传统的招聘会、宣讲会更能吸引优秀的人才。

因此，在拉勾网举办的各项活动中，经常可以看到业界大佬们"任性"地和求职者们一起"玩耍"，一起讨论。如果参加过拉勾网在 2014 年举办的"梦想者集市",那你就可以幸运地看到徐小平老师把自己扮成"熊猫",和他的粉丝以及求职者们一起谈互联网、谈创业、谈工作。

互联网发展到今天,越来越要求个性化环境。人们工作的要求已经不再止于硬件方面,而是加入了价值观认同和自身兴趣等因素。企业和它的负责人在拉勾网的安排下展现自己,也能把企业价值观和文化以一种更加生动的方式传达给新环境下的互联网人才。

与企业一起玩创意型线下活动

这是拉勾网众多微博中的一条:

获得拉勾网"2014年度最佳工程师雇主奖"的企业有:@陌陌、@PP租车、@容联云通讯、@口碑旅行、@用友优普。获得"2014年度最具影响力技术团队奖"的团队有:Ucloud、LeanCloud、UPYUN、七牛、Gitcafe。攻城狮们瞧准了哦!

拉勾网向来如此,就像一个爱和大家一起玩耍的小家伙。

1. 增添轻松快乐的元素

2015年3月21日,中关村创业大街人声鼎沸,热闹非常。现场摆着将近50个摊点,约3000人在各个摊点前驻足交谈,还有部分摊点正为参与者免费拍职业形象照。一只"大熊猫"在人群中格外显眼,许多年轻人正兴奋地同他交流,主题是互联网、创业和投资。

估计没有人能想到,这个热闹得如同"五棵松大集"的场景,是拉勾网联合各企业打造的一场互联网现场招聘会,称为"梦想者集市"。那些摊点是50家知名企业设立的招聘席位,而那只颇为搞笑的"大熊猫",就是"新东方三驾马车"之一的徐小平。

值得一提的是,参加这次活动的不仅有互联网公司,还有如海尔、湖南卫视等传统企业。传统企业跟互联网企业争夺人才的情形,将会在接下来的几年里愈演愈烈。

活动举行至华灯初上,现场人群仍然热情不减。

3W咖啡馆接着又举办了"午夜枕头大赛",为活动的参与者免费提供酒水、食物,将一场严肃的招聘做成了一场午夜的狂欢。

在拉勾网,将活泼气氛带入招聘几乎形成了一种"风俗",在拉勾网上发布职位的企业也习惯将自己打造得更加生动、有性格,比如某企业就曾在招聘职位栏里发出过这样的公告:

卖得了萌,耍得了二;玩得了小清新,咽得下重口味。聊得晕小商家,接得进大CP;文能写方案,武能红白啤。搞得定潘金莲,留得住小正太。君若如此,我必守候。

这次的"梦想者集市"将这种原本只体现在文字中的自由和奔放变成了现实。

给找工作换一个场景,在玩乐中找到心仪的工作,这是马德龙举办这次活动的初衷。在他看来,只有自由奔放的招聘气氛,才真正与互联网人内心的自由与奔放相契合。这样做能让他们在找工作的时候更好地展示自己的才能。所以,线上活动要想落地,首先要打通的就是企业文化这节关窍。其次是活动本身的形式要具有一定的吸引力。

因此拉勾网颠覆招聘活动的形式并在原有基础上增添轻松、快乐的元素，使求职者对于找工作本身的认识产生质变，在积极乐观的状态中，寻找到适合自己的职位。

2. 如何在 24 小时内发动一场"惊天阴谋"

在互联网时代，线下活动的举行同样需要一种极致的"互联网速度"。2014 年的"拉勾虎变"就很好地诠释了这一点。

2015 年农历新年刚过没多久，一条消息就在国内的互联网圈发酵：3 月 18 日，雅虎北京全球研发中心（简称雅虎北研）关闭。对于这件事，外人看热闹的有，分析原因的有，落井下石的有，遗憾惋惜的也有，但有一群人的反应跟他们不一样。他们打扮成外星人的模样，在消息发布的第二天上午跑到雅虎北研包下了一层的一家餐厅，在那里开起了招聘会，名为"雅虎北研专场"。

这群人的带头人是拉勾网，它拉来了微软、京东、美团、爱奇艺等十几家互联网公司，在现场和雅虎北研的员工交流换工作的事。在所有互联网人才招聘公司中，拉勾网是响应最快的。其实，雅虎北研员工又何尝没有想到他们的工作会受到影响，想要跳槽换工作的人比比皆是。拉勾网只是第一时间想他们所想，替他们找来了许多互联网公司以解决他们的实际需求。

拉勾网对雅虎北研的事情响应很快，是因为注重效率。因为对于招聘网站而言，最重要的任务就是服务人才，为人才提高寻找职位的效率，这样的平台才会让求职者心动。求职者需要的并不仅仅是一个工作的机会或者一个职位，他们更需要的是在职业生涯遇到突变的时候，能得到行业的"关怀"。拉勾网通过这次活动做到了，它是从求职者的角度出发，

而不是从企业的角度去考虑。

3月18日，拉勾网团队通宵达旦策划第二日活动，第一时间联系了微软、百度、腾讯、京东、美团等相关互联网公司负责人，并将雅虎北研所在地清华同方大厦楼下的江南赋9号餐厅包了下来。3月19日一大早，拉勾网的相关人员就到雅虎北研的楼下以发红包、求联系方式的形式，拉开了活动序幕。

于是"虎变"的主题应运而生：

山峰坍塌，但海拔不落
一群优雅如虎的年轻人，一群仰慕技术如星座的猫科动物
一扇门关闭，但另一个世界为你打开
拉勾网，为你找一份最合适的工作

到了下午，拉勾网主办的"虎变"主题雅虎北研招聘专场火爆异常。微软广告搜索部门在头一天夜里接到拉勾网的邀请后，就将印着曾效力于雅虎、当下在微软工作的员工头像的招聘广告牌连夜赶制出来。第二天到了活动现场，负责人韩殿飞才发现广告牌上连招聘职位都忘了写，只好拿出便笺临时添加上去。活动现场除了头一天通知到的各大企业，还有部分当天得到消息的公司。如京东金融科技部门连招聘广告都没来得及做，只带着之前的招聘易拉宝（海报架）就赶来参加活动。

3. 简历要用抢的

拉勾网将原本线上的交易快速落地，是结合当下行业发展趋势，

快速推动企业发展的营销办法。对于拉勾网本身而言，他们的营销不会止于这一项，针对企业的精准人才推荐服务也是拉勾网的核心竞争力。

2015年4月8日，拉勾网最新企业端招聘服务产品"拉勾plus"正式上线。作为拉勾网正式商业化以来的首个标准招聘产品，拉勾网决定首批开放1000个企业端使用权限名额。

互联网行业人才需求量日益加大，资深从业者的人才匹配作为行业痛点一直没有改变。拉勾plus正是因为看重这一点，所以在产品开发过程中采取了新的模式，即企业端可一键寻找意向候选人，并对候选人发出快速投递简历的邀请。这在很大程度上提高了企业寻找合适人才的主动性，而且能更便利、更高效地进行人才招聘。

拉勾plus的这种模式彻底解决了目前"买简历"招聘模式导致的精准度低的问题，也能解决"等简历"招聘模式导致的效率低的问题，改变了以往招聘求职网站"包办婚姻"式的被动服务，将线上单方各自交易改为"自由恋爱"式的双方自主选择，迎合了用户期待被尊重的心理特点。它真正的核心并不是企业找到人的方式有多么新颖，它真正具有颠覆性的地方在于强调用人企业和候选人之间的相互尊重，保证候选人隐私。

有了诸多优势，拉勾plus上线仅两天，就宣布1000个权限名额被抢光，在业界引起极大反响。对于拉勾网此次推出的新产品，首批客户的期望值很高。糗事百科的人力资源主管文韬说："拉勾网提供的简历质量还是比较高的，必然会使我们更有效地招到合适的人才！"唯品会人力资源主管牟春宇同时也表示，虽然产品没有开始正式使用，但希望能通过新产品招到更多、更合适的人才。

2015年5月20日，拉勾plus二度开售。上线两个小时内，已有500家企业报名抢购。马德龙将此次成功销售归功于产品的自身特点："拉勾网从成立起就致力于服务好从业3至8年的互联网人，随着求职者的快速增长，企业用户数的不断积累，我们发现不同领域、不同个性、不同工作年限的从业者，需要更加细致、更加个性化的服务，所以我们不断推出新的产品，来满足这一部分用户对求职和职业发展的需求。"

文案走心：有温度，有态度

作为一家拥有50000多家互联网公司进驻的垂直招聘网站，拉勾网，这家"专注于互联网招聘"的网站，成立不到一年估值就高达1.5亿美元。

很多人问：凭什么？

在探究原因之前，不妨来看看它做过的几件事：

2014年上半年，腾讯撤销电商控股公司，调整和裁撤了部门和员工，拉勾网第一个打出广告，联合包括阿里、唯品会和1号店等电商巨头，帮助离开的人选择更合适的去向。

2014年下半年，微软裁撤中国区诺基亚数千名员工，拉勾网发起"每个人青春中都有一部诺基亚，请为诺基亚点赞"活动，迅速帮助诺基亚离职员工入职到小米、锤子科技等公司。

这些都是很有温度的举动，从中可见拉勾网的运营之道：以求职者为核心服务对象。这和过去传统招聘行业以企业方为服务对象的运营规则完全背道而驰。

运营理念的颠覆带来了产品设计上的颠覆：8秒注册，24小时极速入职，投递实时反馈，让用户和企业直接对接，彻底杜绝第三方介入……

这些区别于传统招聘企业的产品设计，目的只有一个——让求职者感受到极致的使用体验。

"用户至上""体验至上"，在这种典型互联网思维的导向之下，拉勾网的文案也呈现出同样的特质：以用户体验为核心，有温度，有态度。

在美国的一堂历史课上，米勒老师从国家档案馆下载了很多照片，这些照片记录了美国内战期间的外科医生和手术帐篷。课上，老师让学生想象炸弹爆炸的声响，想象火药味、血腥和尘土混杂的味道。同时，米勒拿来和人骨极其相似的一些动物骨头，让学生扮演马上就要给战士截肢的医生。整个课堂抛弃了冷冰冰的文字描述，通过角色扮演的方式，将战争中不同人物的情感生动地反映在了学生身上，迅速地在学生的脑海中留下了深刻的印象。很多年之后，学生们依然能够准确地复述当时课堂上的情景。

互联网思想者段永朝曾经写道：工业时代是一个巨大的甩干筒，标准化的过程使得工业时代总体上是扼杀灵性的；互联网就不一样，它可能会迎来灵性的回归，在互联网的世界里，一切都将变得更有温度、情感，有味道。

拉勾网 V

【盘点：最有气质的互联网公司】有气质的公司一定是与众不同的，他们的人很特别很有趣，干的事儿也很有意思。虽说不算改变世界，但他们从不跟随。有些独特气质的公司虽然很小，不过他们#主定传奇#。——甄选8家最有理想主义气质的公司，只在拉勾网招聘→→ 🔗网页链接 🔗网页链接

2014-8-1 15:24 来自 微博 weibo.com

这是拉勾网在微博上发布的一则招聘文案，长微博内容如下：

Part2
曲线跨界：创业生态的养成路径

梁一鸣
我在新西兰做过 4 年警察

辛静
我曾经在网吧做过网管

查看采访全文《拉勾成长大师：完美主义者王自如》▶▶

这些最具理想主义气质的公司
只在拉勾网招聘

ZEALER

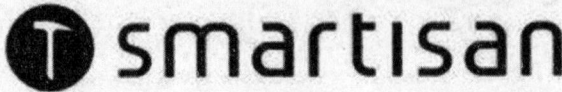

amazon.cn

OPERA software

知乎

ThoughtWorks

豆瓣 douban

上拉勾网，投简历

人性化的、有温度的文案,来源于对用户的深层了解和共鸣。用 BFD 文案公式来解释就是,**了解他们的信念(Beliefs)、感受(Feelings)和渴望(Desires)**。

作为一家互联网创业公司,拉勾网深谙创业者的困境、互联网人的情怀,以及互联网创业者的心理需求的痛点。"理想主义""注定传奇",可谓字字走心;"理想主义者"的跳槽+"最具理想主义气质"的互联网公司,可谓完美的匹配。

要想写出打动人心的文案,很重要的一点是,学会转换立场。

告诉用户他能够得到什么,而不是你有什么:别说"我们能提供",要说"你能拥有"。人总是更关心自己的,站在对方的立场,才更容易得到认可。如拉勾网这则文案,表面是在介绍互联网公司载乐网络科技(ZEALER)及其主要创始人,实际上重点全都集中在他们的工作履历上,通过他们的"传奇""励志"经历,给予求职者信心和鼓励。

文案是一种传递心情和温度的东西,目的是让用户看到你、点击你、爱上你。一则有温度的文案,也许简单直白,也许文艺范儿,也许逗趣恶搞,但它一定不会冰冷枯燥,它会触碰到生活的温度、人心的温度。

除了这种温情励志路线,拉勾网的招聘文案还经常走"不正经"路线:

拉勾网 V

【选对公司,每天都是儿童节】跳槽是件特别严肃的事儿!薪水只能放在第二位来考虑。工作开不开心,氛围好不好,同事无不无聊,有没有钩心斗角才是重中之重的问题。要是稍不注意,很容易就从一个火坑跳到另一个火坑。拉勾网儿童节专题——选对公司,每天都是儿童节。拉勾君只能帮水深火热的你到这了!

这是 2014 年 6 月 1 日拉勾网发的一条微博,标题为《拉勾网儿童节特别专题》,在此节选其中一段文案:

> 跳槽是件特别严肃的事儿!
> 钱多不多只能放在第二位来考虑。
> 工作开不开心,氛围好不好,同事无不无聊,
> 有没有钩心斗角才是重中之重的问题。
> 这几件事儿直接决定了你的工作效率和生活质量。
> 要是稍不注意,很容易就
> 从一个火坑跳到另一个火坑。
> 拉勾君趁着儿童节精心挑选几家不错的公司,
> 赶制**儿童节专题**——
> 选对公司,每天都是儿童节。
> 拉勾君只能帮水深火热的你到这儿了。
> Good night, and good luck……

搜狗

受访者:搜狗最后一个帅哥 谷云峰

我们在超赞的宇宙中心

本厂地处宇宙中心五道口,旁边有号称 10 万元/米² 的华清嘉园,搜狗游泳俱乐部等社团长期和周围游泳馆、健身房有合作,每周两次免费锻炼!

很多兴趣社团

有游泳、魔术、街舞等社团,看你对什么感兴趣啦!

别说咱们是吃货嘛(ˉ▽ˉ)

一般中午大家都会一起吃饭,对面有娃哈哈醉爱餐厅,旁边有接待过国家领导

人的隶属清华大学的宴铭园，每个季度有团建费用，基本都用来吃了……

拉勾君：你们是吃货么……

谷谷：不要这么说嘛(￣_￣)

我们很温和，不提倡狼性

搜狗的文化在互联网公司里面最温和，并不提倡所谓的狼性，福利待遇很好。如医疗报销90%，还会给员工每人5万元无息贷款等福利。

拉勾君：乖……咱们这不说别的公司。

谷谷：O__O"…我刚刚有说某度么……

王小川的性格

老板性格比较细致，搜狗公司比较技术范儿，大家做事一板一眼。

迟到了没关系

休息的地方没有，但是搜狗是弹性工作制，每天只要工作时间够了即可，9点上班10点到了也没有人说。

对啦，咱们有儿童节！见下图↓↓

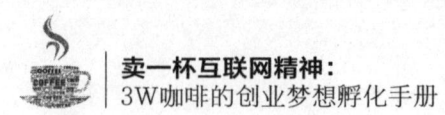

调侃也好，戏谑也好，自黑也罢，都是有温度的、人性化的。这种"不正经"的文风，一下子拉近了企业和读者、求职者之间的距离，让人顿生亲切感和好感。难怪很多用户说："特别爱看拉勾网的招聘文案，因为很有趣，很有创意，会让人切身感受到互联网这个行业的年轻和活力。"

试问，对于一家专注于互联网招聘的网站而言，还有比呈现整个互联网行业魅力更有效的宣传吗？

作为最有创新活力的新兴行业，互联网公司和互联网人的气质和风格当然不可能一成不变，所以拉勾网文案的风格也十分多变，玩得了小清新，咽得下重口味，一切以"我懂你""和用户一起玩嗨"为标准。

2015年4月1日愚人节，国内外互联网公司纷纷加入"愚人"大军，如国外的谷歌宣布推出颠倒版谷歌网页、三星发布新品Galaxy"菜刀手机"，国内则有锤子手机发布"丑颜相机"等。拉勾网联合9家互联网公司，发布了一期特别的招聘文案专题：

首席降温官、首席吸霾官、键盘痴汉,光听名字就"恶搞"气息十足。以下节选几条招聘细则:

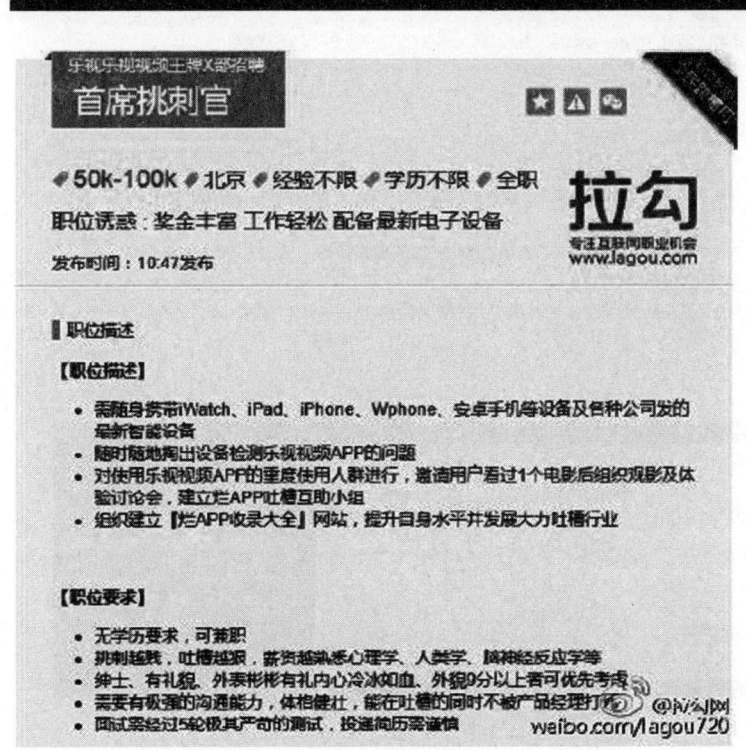

卖一杯互联网精神：
3W咖啡的创业梦想孵化手册

首席喵星官

豌豆荚 | 喵星人解救入类

这是一个梦幻的岗位，错过就不会再有，这是一个激情的岗位，被撸的感觉也是懒懒哒，同时这也是一个幸福的岗位，因为你是互联网界牛逼闪闪的首席喵（chan）星（shi）官啊！
【投递简历，请戳标题】

豌豆实验室招聘
首席喵星官

40k-50k 北京 经验不限 博士及以上 全职

职位诱惑：包三餐，有班车，月月一起出去玩

发布时间：1天前发布

职位描述

职位描述：

这是一个梦幻的岗位，错过就不会再有，这是一个激情的岗位，被撸的感觉也是懒懒哒，同时这也是一个幸福的岗位，因为你是互联网界牛逼闪闪的首席喵（chan）星（shi）官啊！

职位要求：

荚里现有五只萌猫，你的工作可不只是「在光滑的猫背上摩擦」这么简单，你要负责所有喵星人的日常，包括喂饭、送零食、剪指甲、洗澡、抚摸、陪玩、找对象、谈恋爱以及专业铲屎……

1. 熟悉喵星人习性很重要，因为喵星人会帮助工程师写代码，因此特别需要保持指甲的整齐与洁净。

2. 抚摸技能+撸猫毛技能也很重要，如果把喵撸得炸毛了，后果你懂得，想起来我也是怕怕的：）。

剁手党安抚师

聚美优品 | 剁手党是拉动国家经济增长的中坚力量

剁手党是拉动国家经济增长的中坚力量，是国家的栋梁！为了给剁手党们一些安慰，一些温暖，每天一点正能量！特此招聘"剁手党安抚师"。
【投递简历，请戳标题】

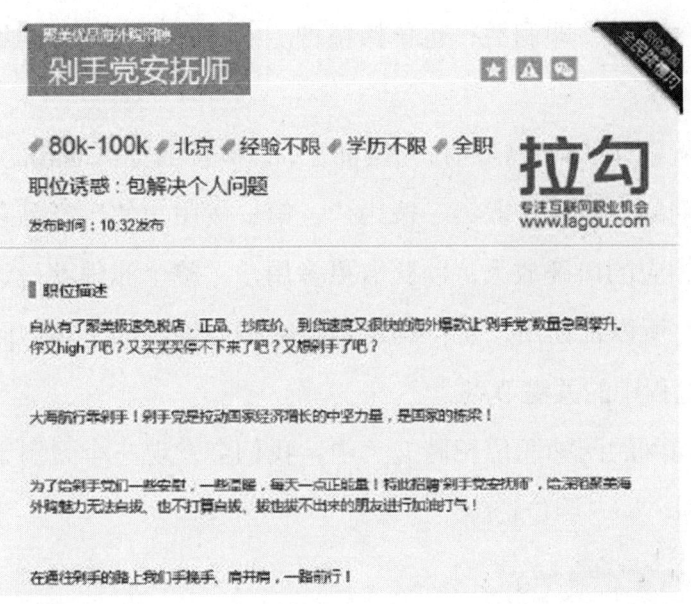

文案做得很用心,看似"恶搞",实际上每一则文案都分别对应这家公司的产品或核心业务,而且每一则都符合各自的品牌形象。很多人明明知道这是愚人节恶作剧,但还是乐呵呵地读完了这些一本正经地搞笑的招聘文案,还有不少人真的投了简历。

一则文案之所以能够吸引用户、促使用户行动,凭借的是用户的认可。用户选择你的时候,他选择的基准是你的描述 + 他的想象。所以写文案的要点在于要有代入感,要提前代入用户的想象。也就是说,得知道用户要什么,哪些点可以触动他:

第一,情感共鸣。

第二,利益感知。

第三,心理安慰。

用户要的不是产品本身,而是产品能够带给他的好处,这种好处既包括实际的好处,即利益;也包括精神上的"好处",即满足用户的情感和心理需求。

对于从零开始做营销的拉勾网而言,口碑传播是其崛起的关键之一。通过社交网络、媒体获取第一拨用户,第一拨用户使用产品之后反响很好,再把相应的口碑放大,以获取更多用户。整个流程就是让"用户带动用户",所以,让用户获得满足是其中相当重要的一环,而产品文案则是这个过程中的关键节点。

在拉勾网的网站职位招聘文案中,我们会发现一个区别于其他招聘网站的类目,即"职位诱惑"。

在这个类目下面,企业招聘人员常常会放上很有趣的文字,求职者能够从中看出招聘公司的气质和文化,这使得"职位诱惑"成了招聘页面的一大亮点。

首先,"诱惑"这个词很有人情味。

其次,为什么不说职位福利、职位优势,而要说"诱惑"?所谓"诱惑",是对谁而言?当然是用户。这个类目的设置,很明显是"用户至上"理念的一个表现。

再来看另一个专题招聘页面:

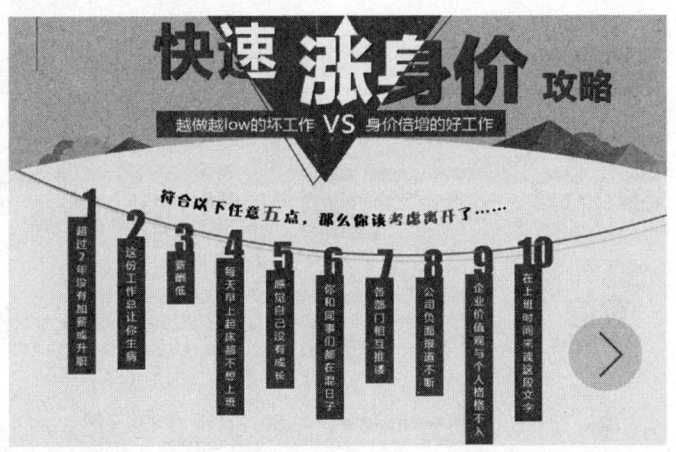

先给出跳槽建议,从很具体的"坏工作的十大表现"说起,让用户自觉对号入座,然后给出"攻略":

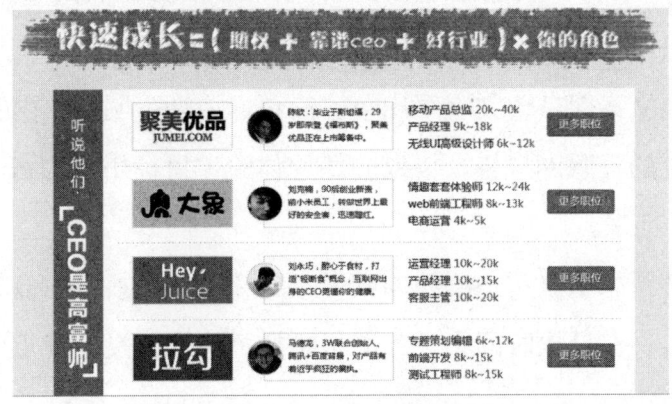

乐播 视频版微博	产品经理 10k~20k APP设计师 6k~12k 网络推广 4k~8k	ios研发工程师 15k~30k 科技记者 4k~8k 技术总监 20k~40k	更多职位
堆糖	社会化媒体运营专员 4k~6k 视觉设计师 6k~10k java/python开发 8k~14k	市场公关经理 5k~10k 移动产品经理 8k~13k 推广营销经理 8k~12k	更多职位
tap4fun	游戏系统策划 5k~10k 游戏市场专员 5k~10k 游戏运营专员 5k~10k	UI设计师 7k~14k 客户端开发工程师 8k~15k 服务器开发工程师 8k~15k	更多职位
TOGIC 泰捷 Turn on the magic	Android平台主管 13k~25k 系统管理员 8k~13k Android应用开发 6k~12k	软件项目经理 10k~20k 软件测试主管 8k~13k 设计总监 15k~25k	更多职位

听说他们「承诺给你期权」

零诺言 手游	顶级手游团队，从业超10年，曾参与制作《剑灵》《永恒之塔》《神魔大陆》《激战》。	手游系统策划 6k~10k 手游场景原画设计 6k~10k 移动游戏开发 6k~10k	更多职位
人人贷 renrendai 互联网金融	中国P2P行业中最大、最安全的平台，在2013年获得了超过1.3亿的巨额投资。	高级产品经理 10k~15k 流量运营主管 7k~9k 高级Java工程师 8k~15k	更多职位
宜信 CreditEase 互联网金融	中国最知名的个人信用管理和财富管理平台，创始人唐宁是中国互联网金融第一人。	产品经理 10k~20k 媒介策划经理 7k~13k 网页交互设计师 6k~12k	更多职位
积木盒子 www.jimubox.com 互联网金融	国内新兴的P2P网络投融资平台，近日获得银泰投资(Ventench China)千万美元融资。	产品经理 15k~25k CRM经理 6k~12k 产品总监 20k~40k	更多职位

听说他们「行业前景广阔」

"攻略"中非常明确地指出用户需求——期权、靠谱CEO、好行业，然后对招聘公司进行细致的分类，方便用户按图索骥。

就产品文案而言，文字很出色，简单、清晰、明了，内容上则包含了一以贯之的互联网风格、极致的使用体验、目标用户的认同感，好口碑正是由此而来。

从口碑开始积累用户的拉勾网，直到2015年的2月—3月，才开始做线下广告：在投放时间上，盯准了跳槽高峰期；投放地点则精心选择了互联网人群集中地，如海淀黄庄、中关村、知春路等地铁站内。广告文案做得很有意思：

第一句是"互联网公司找人，互联网人换工作……就上拉勾网"，精准对接目标用户。

第二句则是相当"有态度"的3个字："不解释"。

实际上，拉勾网这次线下投放为的是配合线上"全民跳槽月""十万offer独家放出"的招聘活动，所以，在线下投放广告的同时，线上也没闲着：

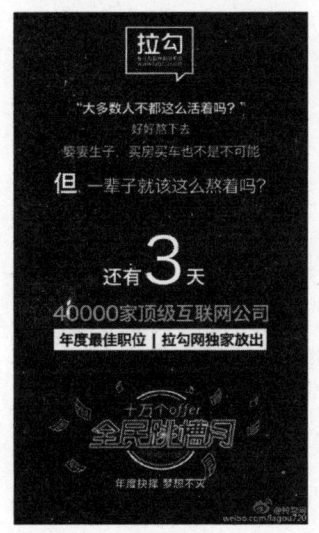 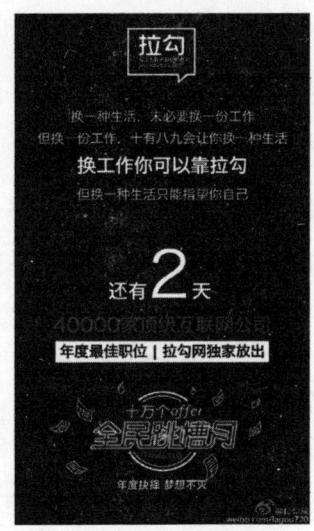 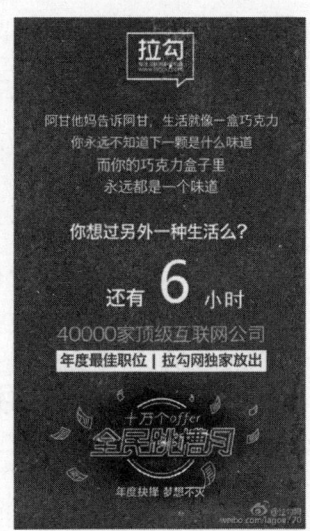

线下广告一句高冷利落的"不解释",线上却来了一场走心的励志盛宴:你打算就这么熬下去吗?你不想换一种生活吗?

在这个"全民创业"的年代,尤其是处于时代前沿的互联网行业中,不安于现状是一种最普遍的时代心理。拉勾网的文案,虽然各种风格轮番上阵,但有一点是不变的:切中用户心理,而且每一则文案都带着强烈的互联网气质——有情怀、有温度、有创意、有活力、有态度,代表着最新鲜、最年轻、走在时代最前端的一种精神,从产品、用户到品牌和文案定位,都是一致的。这一切的结果是——用户很买账。

"勾妹":做用户的哥们儿和闺密

2012年7月的北京被一场暴雨浇透,接连几天的大雨让许多人被困在路上无法回家。网上流传着各种关于"在北京看海"的段子,营销做得好的公众号们也都纷纷做起了热点营销。但此时的 3W 咖啡馆就显得有些低调,微博上依旧发布着关于互联网和店里举办的活动的消息,只不过活动告知中有这样一条:

【3W 今夜彻夜接待被雨困在中关村的朋友】店长 @3W 咖啡 Jobs 电话:+86 139-1093-5565 彻夜开机,随时接待有需要的朋友,店里沙发可以休息,厨房有供应吃的,希望可以帮到任何有需要的人。

在接下来的几天,官微上重复着这条消息,为那些被困雨中的人提供暂时的庇护。

什么人可以在你被雨浇得一身透凉的时候打开门给你提供沙发、热水和食物?当然是爸妈、亲人,还有你的哥们和闺密。3W 咖啡馆彻夜接待被困人群的做法,也许是一场营销,但这场营销做得温暖十足。

在微博上,拉勾网运营人员常常自称"勾妹"或者"拉勾君",和用户称兄道弟。当 3W 咖啡馆做了用户的朋友,它的价值就更高了,这就是情感溢价。拉勾网在服务上同样也打出了自己的情感牌。什么叫情感?用罗振宇的话说,那就是导游手中的那面小旗,不时散发着某种调调,喜欢这种调调的人围过来,就找到了归属感。

拉勾网会像一个和你站在同一战线的伙伴一样,陪你一起"吐槽":

【前任老板,我想对你说】还记得前任老板吗?提起他,想到的是吝啬"葛朗台",还是"谆谆教导"谦谦君子?对他,你有一桶苦水要倒?

关注@拉勾网＋转发此微博＋一句话写出你要对前任老板说的话＋@三个好友，就有机会获得由拉勾网提供的"3W咖啡限量版马克杯"哟！共有9个名额，4月19—21日连续开奖。

它会像一个肯定你价值的朋友一样，鼓励你：

【成就，不论弯直｜致敬少数派】你不是Cook但你可以加入Zank。每年5月17日是国际不再恐同日，所有人都一样，不因身份阻挡你的光！加入Zank，让世界因你不一样。

它会像一个理解你的知心姐姐一样，用幽默化解你的压力：

记得初入公司时，写的代码乱七八糟，错误百出，bug连连，不仅项目经理骂我，其他同事也对我怨声载道。后来听朋友介绍，报了一个培训班。经过一个月的刻苦学习，终于功夫不负有心人——他们都骂不过我了。

这样的表述就是真诚，比"极速入职，优质的人才服务"更打动人。这才是营销的真正目的——触动人心里最软的那个地方，打动了灵魂。

这是做营销的最高境界。营销第一重境界是和用户建立一对一的关系，这是一种品牌的植入；第二重境界是给用户一个场景，给他一个关于品牌的故事，把他带到故事中来，即营造一种代入感；第三重境界就是情感。

互联网时代，尤其在移动互联网阶段，所有好产品的功能都是相近的。

因此产品的标准和功能已经很难再打动用户，即功能的体验被用户的情感体验所取代。也就是说，营销的终极，其实在某种程度上脱离了产品本身，主打的是体验。

这种情感的设计和工业时代的产品管理有很大不同。在那个时候，企业要做的是让消费者觉得"这个品牌＝这个品类"，比如海飞丝＝洗发水，柯达＝胶卷，诺基亚＝手机。但情感营销只是把产品作为一种寄托，企业要做的是让消费者明白，这件产品表达的是一种什么样的生活态度或者什么样的情感。

所以，在移动互联网时代，我们可以看到苹果的文案从来不写功能，它写的是"改变世界"；我们可以看到CEO自己出来为企业代言，传达个人魅力而不再为企业的各种荣誉背书……产品变成一个"人"，被赋予了人格。那么，情感化如何在产品中被设计出来？

第一是来点"情怀"。罗辑思维的情怀是对阅读的兴趣，星巴克的情怀是自信，耐克的情怀是对运动的热爱，拉勾网的情怀是什么？

你可以说是陪伴，它说："赢了陪你君临天下，输了陪你东山再起。"这句口号被放在拉勾网的大门口，时刻提醒着在这里艰苦打拼的创业者们：有人陪你一路走到底。

你也可以说是对梦想的坚持．

【拉勾网·后青春期深圳站】究竟什么是后青春期？其实很难去解释。但相信每一个人的内心都会有一份对自己的承诺和坚持，那些藏在我们内心最深处的东西与时间、岁月无关。永远准备出发，遇见更好的自己！6月28日，广州黄花岗大剧院，我们"拉勾"，不见不散。

这种情感化的设计,是通过一个主旨句来实现的,也就是说它需要传达一种价值观。还有一个非常经典的例子来自乔布斯重回苹果后拍的广告。那个广告里没有产品,也没有功能描述,只有一个词——非同凡想。这就是苹果价值观的表达,也是苹果的情怀所在。

第二点是娱乐大众,让人笑。当"所有行业都是娱乐业"成为所有营销人员的口号时,不让人笑的营销手段都不敢摆上台面。

著名媒体文化研究者尼尔·波兹曼(Neil Postman)的《娱乐至死》一书中曾提及:电视改变了公众话语的内容和意义,政治、宗教、教育和任何其他公共事务领域的内容,都不可避免地被电视的表达方式重新定义。而电视的一般表达方式是娱乐,所以一切公众话语都日渐以娱乐的方式出现,并成为一种文化精神。一切文化内容都心甘情愿地成为娱乐的附庸,其结果是我们成了一个娱乐至死的物种。

这本书问世已有30多年,如今,包括电视在内的传统媒介在互联网的冲击下已经失去了昔日辉煌,但波兹曼对电视这一媒介做出的论断,同样适用于互联网媒介,甚至可以说,比起前者,后者的娱乐化程度有增无减。一个全民娱乐化的时代已经到来。

通俗来讲,娱乐化带来的最大改变在于,无论是对于一个人、一件事、一个品牌,还是一个组织、一家企业,公众在乎的是你的姿态,他们想看的不是枯燥乏味的解释,而是娱乐式的表达狂欢。

所以,你需要像拉勾一样讲段子,时不时地娱乐大家,同时表达你自己:

不知道有多少人像拉勾君一样自(shá)恃(dōu)其(bù)才(huì)

不屑于找工作，在拉勾君看来这都不是事儿，以下列举了快速有效且高品位找到工作的6种方法：

靠跳楼：软的不行，时而来点强硬的。

靠喝酒：喝了咱的酒，一人敢走青刹口；喝了咱的酒，见了皇帝不磕头。

....

除了段子，你还可以来点与众不同的东西以实现娱乐，同时替你的粉丝们代言。比如：

【程序员的"权利法案"】1.每个程序员都应该有两个显示器；2.每个程序员都应该有一台快速的电脑；3.每个程序员都应该自己选择鼠标和键盘；4.每个程序员都应该有一把舒适的椅子；5.每个程序员都应该能快速接入互联网；6.每个程序员都应该有安静的工作环境。

这样的文案非常有趣，可以引起共鸣，然后引发互动和讨论，为拉勾网赚来大把的粉丝。

传递知识和洞察，让粉丝变得聪明起来。这当然是第三种可以让价值得到最大体现的手段之一。拉勾网自然也深谙其理，因此，它有时会分享如何成为一个好的产品经理。

【如何成为一个优秀产品经理】Google内部人士建议：第一，以主人翁精神对待产品及相关的一切事务；第二，知道产品的每个细节；第三，保持强大说服力；第四，积极心态；第五，别抢功劳；第六，大胆不害怕；第七，对上对下有效交流的能力；第八，简洁邮件；第九，时刻准备执行"模糊任务"；第十，以老板的角度思考。

有时候提一些健康小 Tips：

【且 Coding 且珍惜】Coding 时错误坐姿有碍我们的健康。教科书中正确的坐姿：显示器要放在视线正中央或者略低一点儿也可以，这样可以保持头部直立；肩膀略微向后挺，背部自然地形成一种微微弧度；肘部形成一个 90 度的角，前臂保持水平。

还可以传递一些非常专业的行业知识技能，比如"前端工程师养成计划"等。

这些内容是情感价值的 3 种体现方式，实际上这 3 种方式都有共性：
第一，简洁有力，震撼人心。
第二，在第一时间抓住人的注意力。
第三，体现出与众不同的气质。
无论我们制造出如何优秀的产品，无论我们在商业上有哪些策略、想达到什么样的目的，都要把它们转化为用户的直接情感体验才有价值。
总结起来，创造情感溢价就是在创造一种极致的用户体验。这种极致体验可以通过 4 个方式来实现：
1. 让用户知道你与竞争对手不同，而且做到了你所承诺的不同。用户体验到了这种区别，就说明你带给他们的体验是最好的。
2. 你的产品需要一个让人印象深刻的故事，通过它可以激起用户的某种情感回应，做到这一点，企业便创造了联系。什么样的"故事"算是成功的？那些让人听起来觉得"对，我能理解这种感觉"的故事就是。这一切构建了用户的情感通道，形象的画面永远比抽象的科学更让人印象深刻。切记，在传递知识的时候不要只讲科学道理，不讲情感。

3. 永远站在用户的角度看待问题。不要总是强调企业的立场，或是你作为某个环节的负责人需要遵守的固定章程。

4. 一种终极客户体验必须是可重复的，而不是一次性的体验。这一条来自斯科特·麦克凯恩（Scott McKain）的《商业秀》一书。麦克凯恩打了个比方：有一次他从一家租车公司租了一辆车远行，不幸的是他遭遇了车祸。虽然他自己伤得不严重，但车辆受到了比较严重的损毁。当他心有余悸地给租车公司打电话时，电话那头的服务人员关切地询问了他的伤情，只字未提车辆的情况。这就是良好的客户服务带来的良好用户体验。要使它可重复，就是确保公司的每一个客服人员在遇到类似的事情时都可以用同样的思维和方式来处理问题。

体验在本质上就是情感，最好的体验应该是最符合人性的，能给人带来愉悦的体验，让人产生共鸣。哪怕有时产品不是那样尽如人意，但是由于它带给人极大的情感慰藉，会让人们对它产生依赖，想要离开它就要付出极高的情感代价，因而人们无法放弃这种产品，明知它不完美仍愿意购买它。

正是因为基于感情、基于人性做营销，所以，拉勾网上线一年多来，总共的营销费用也就30万元左右。这在互联网行业算是一笔很小的营销费用，但是效果奇佳。用许单单自己的话来总结，成功的秘诀就是产品好，获得用户的情感共鸣。

这就是情感营销的关键。其实人类的情感需求并没有想象中那样复杂，最主要的就是爱、尊重、拥有、追求完美、欲望、安全和宣泄。产品的情感营销也无非是在这几种情感中制造冲突，然后将它延伸为用户对产品的印象。

拉勾微信号如何运营

拉勾网的微信公众号，乍一看并没有太出彩之处，只有3个菜单：职位搜索、红包派送、投递状态。职位搜索和投递状态直接链接PC端，相当于入口；红包派送，则是回馈注册用户的福利。

这是一个朴素简单的入口。

拉勾网的微信运营更多是在微信文章的选择和传播上。

1. 激发认同

2014年下半年，微软接手诺基亚后决定裁撤其中国区数千名员工，拉勾网借此发起了"每个人青春中都有一部诺基亚，请为诺基亚点赞"的活动，并迅速帮助离职员工入职到小米、锤子科技等公司。整个活动中仅微信转发量就达到近10万人次。

这是来自拉勾网公众订阅号的经典文章之一。文章从标题就深深抓住了每一个使用过诺基亚手机的人："每个人青春中都有一部诺基亚"不仅唤起了一代人对那部经典手机的记忆，更唤醒了诺基亚陪伴他们走过的那段岁月。

一个好的文案打动人并不复杂，往往只有4个20秒。

第一个20秒：获得关注。

第二个20秒：引起兴趣。

第三个20秒：感同身受。

第四个 20 秒：行动起来。

其实，感动的本质是"激发即刻认同"。当你的文案让消费者产生"说得太对了""这就是我所想的""这就是我"或者"我都没想到，但是的确如此"的想法时，那就是触及了他们的自我意识，从而激发了"即刻认同"。

当女人们看到女装品牌"维多利亚的秘密"的模特展示着诱人的身材和漂亮迷人的内衣时，让她们感动的不是广告片本身，而是她们对美丽和完美的向往；激发她们购买的动力不是对广告片的崇拜，而是她们的自我意识。正如美国心理学家安东尼·普拉卡尼斯（Anthony Pratkanis）和埃利奥特·阿伦森（Elliot Aronson）在《宣传时代》（*Age of Propaganda*）中指出的那样："通过购买合适的东西，消费者增强了自己的自我意识，合理地消除了自身的不足。"

拉勾网的微信文章常见几个板块：

创业 CEO 访谈：依托拉勾网后青春期全国巡回嘉年华，分享互联网创业干货。

拉勾锦囊：以互联网产品经理常见的自我学习、提升为方向，如《为什么你会写自嗨型文案》。

公司甄选：介绍创业公司的背景和招聘需求。

合作推广：宣传创业公司的业务，以折扣等为福利回馈用户，比如月亮盒子的《想拥有一张百年经典的人像照吗》。

在板块的设置上并没有每天固定沿用，而是灵活处理，有时候会加入根据热点话题量身定做的事件文案。这才是真正出亮点的地方。

第一类，活动策划。

标题常借用最新最热的词汇、语法，然后加以融合，比如借助携程网瘫痪事件，抓住热点，化用为招聘广告："世界那么大，瘫痪过你才会明白。"

比如文化事件："拉勾带你免费看电影《十二公民》""拉勾辣妈节特献：你投简历，我送礼""拉勾网＊欧朋流量宝，送你流量红包"。

借助隐含秘密的宣传，如"老板，这次玩得有点大……50名互联网人约战CXO"。

第二类，事件策划。

这类微信文章的特点是策划思路奇特，表达方式有正话反说，如"虎变：如何用24小时发动一场惊天阴谋""软件工程师的鄙视链"；有抓住人性弱点，如"互联网公司年会女神排行榜，最美的当然是……""嫁给中关村的女人们：互联网女性从业者的怕与爱"；有夸张手法，如"不只是打车，一场情人节合并引发的朋友圈动荡"；也有开放型自黑策划，如大家一起找拉勾的问题，"既然假期留不住，不如找个Bug玩"。

拉勾网就像一个懂行的互联网顽童，其微信文章、活动产品都能够"说人话"，非常接地气。

工业时代产品追求的是功能标准（FAB），即属性（Fact）、优势（Advantage）、客户利益（Benefit）。也就是说，追求功效，追求竞争对手没有的功能优势。而在今天的互联网大环境下，产品强调的已经不再是功能，而是体验。

切中诉求就等于抓住了用户的认同感。有研究结果显示，一则能够激起读者情感的文章比不能激起读者情感的文章更易获得转发——比如题为《小北极熊饲养员之死》的文章比《勒布朗·詹姆斯团队为其转会摩拳擦掌》转发量大。

2. 卖故事

微信官方曾做过统计，在微信平台上一个用户每天平均阅读5.86篇文章，其中有20%的用户每天阅读6至10篇，日均阅读文章数超过3篇的用户占比51%，阅读3篇以下的用户也占到了49%。

这意味着用户愿意在阅读上面花更多时间，公众号受大众欢迎的程度取决于内容是否精彩。抛开吸引读者点开链接的营销手段，真正能触动读者内心和灵魂的文章才是最受追捧的文章。

淘宝的《凡·高为什么自杀》就采用了一种典型的反常规传播法。文章通过对知名历史人物或者历史事件的另类解读，充分抓住了公众的猎奇心理，结合产品自身的功能，告诉读者：我们能做什么，我们能为你做什么。

无论是激发认同，还是故事化的表达方式，都是微信运营的常见方法，但更多的时候，得到迅速传播的好文章往往还具备了其他的因素。

微信公开课的数据显示，订阅号中有非常多的阅读量来自朋友圈。20%的用户到订阅号里面挑选内容进行分享，而80%的用户在朋友圈里阅读这些内容。这样一来，即便是粉丝量众多的公众号，假如不能生产有吸引力的内容，同样无法提高关注度和转发量。

在互联网沙龙上，互联网人曾分享过**"关于10万+微信好文的特点"**：

第一，文章主题积极，读完后让读者感到兴奋；

第二，让用户非常愤怒和恐慌；

第三，让读者觉得自己不仅聪明，而且消息灵通、见多识广；

第四，实用且容易记住的内容、有价值的故事。

2015年3月新出炉的中国微信公众号500强榜单的上榜公众号有如下特点：

关注度和分享的目的性很明确。有目标地分享内容可以看成是微信用户分享文章的特点，微信用户看到了想要转发的文章，61%转发到了朋友圈，分享率的转化直接影响公众号的传播量。

用户的阅读习惯呈现两极分化趋势。对于阅读量大的用户，有20%会在订阅号里面寻找有价值的文章转发，如果一篇文章在朋友圈里转发次数多，那些阅读量较少的用户可能会更倾向于阅读这篇文章，从而助长文章阅读数的指数级递增。

用户从订阅号里获得感兴趣的阅读内容越来越难，当用户发现自己很难从订阅号里找到可阅读内容时，他们订阅的动力也会不断减弱。已有大量用户的微信公众号不能完全依赖自身生产，如何寻找更多用户愿意分享和转发出去的优质内容是公众号面临的运营压力。

第四章
互联网 + 孵化器：连接创业者和投资人的管家

📶 创业不再是一件苦大仇深的事

2014 年 12 月，两个年轻人兴冲冲地走入了工商局。

随着新的"工位注册"政策的颁布，小闫和他的搭档曾鹏轩终于能够实现梦想，创办属于他们自己的科技公司——贝氪科技。这家小公司的注册地址是海淀西大街 70 号 3-68，这不过是办公室内的一个工位，而非以往创业注册地所要求的达到一定面积的宽敞明亮的办公室。

除了这两个年轻人，奋斗在中关村、为了实现梦想而努力的小公司创业者还有很多。自从中关村开始施行工位注册的创业扶植政策以来，陈大同就把握住了机遇，创建了一个可供创业者相互扶持、实现梦想的基地。

400平方米的办公空间里，窗明几净，在生长茂密的绿植隔离下，15家创业公司在这里办公，最大的公司占据八九个工位，最小的只占两三个工位。没有实质隔断的设计，让创业者在创业的焦灼、不安、孤独、忧虑中找到了同伴。为了创业梦想奋斗成为凝聚所有人的纽带，在彼此的陪伴中，一些激烈的思维碰撞产生了奇思妙想，让个性、优势截然不同的陌生人联系在一起，形成了全新的创业团队。

这群年轻人正如陈大同所说，不为"光环"而创业，不为赚钱而创业，不为赶潮流而创业，**他们努力拼搏只是为了给自己一次实现梦想的机会。**而陈大同和3W咖啡更是希望能够见证这些年轻人的成长，帮助他们少走弯路。

对于创业者而言，这里成了他们梦想开花的地方。这就是3W咖啡再次出击，运营的另一个延伸项目——孵化器。

每月999元的工位租金，在寸土寸金的中关村大街只能用不可思议来形容。

3W孵化器不仅为创业者提供了一个优质的创业空间，还帮助他们大大节省了创业成本：租用工位的创业者水电费全免，上网费全免，在网上还可以免费使用云储存空间；就连平时的餐饮开销也考虑得很周全，这里一荤两素的盒饭是中关村一带价格最低廉的。此外，3W还会定期邀请一些创业名人开办沙龙和讲坛，分享白手起家的经验。

开篇中提到的小闫，在刚来北京的一个多月里每天都在奔波忙碌，从早上十点忙到晚上八九点，然而一分钱薪水也没有。他和曾鹏轩一直都希望能够开创自己的一片商业天地，不甘于像普通白领那样没日没夜地为别人奔波。听闻工位注册政策的出台和 3W 咖啡所提供的优渥条件，两个人决定破釜沉舟，坚定地迈出创业的第一步。如今成功创办企业的他们已然进入了更加忙碌的企业上升阶段。

其实像小闫和曾鹏轩这样的年轻人有很多，他们头脑灵活，梦想远大，却被现实围困在狭窄的空间中，茫然地搬运自己的身体，忙忙碌碌却遗失了梦想。他们希望能够实现自己的梦想，可惜万事开头难。一家公司想要顺利成长起来，离不开资金、场所、人才等必备因素。就像是植物想要生根发芽、立稳脚跟离不开阳光、土壤和水一样。在创投领域，逐渐形成了这样一种想法：将创办初期举步维艰的公司集中在一起，为公司提供其成长所需要的各种便利，让企业像人工孵化鸡蛋一样，顺利地破壳而出。这种模式因与人工孵化禽蛋的原理不谋而合，被称为孵化器。

这种模式最早出现在美国。

目前美国的孵化器一般是按照所资助的创业公司的属性划分，而数目最多的是为科技公司提供创业相关服务的孵化器公司。其中，名声最响的是成立于 2006 年的科技之星（Tech Stars）。如同它的名字一般，这家公司倾向于资助具有跨国吸引力的拥有"明星"潜质的科技公司。

它以 3 个月为期，从提交申请的团队中筛选出 10 支，向每名团队成员资助 6000 至 18000 美元；每期项目之后，科技之星都会将成功孵化的创业公司介绍给风投或其他投资者，帮助创业公司融资，继续下一段创投航程。作为回报，科技之星要求拥有受资助公司 6% 的股权。

历史最悠久的美国科技公司孵化器则是 Y 组合投资（Y Combinator，简称 YC）。它由科技创业家保罗·格雷厄姆（Paul Graham）创立，成立于 2005 年，制定了科技公司孵化器的行业标准。这家公司每年有两期孵化期，时间分别是1~3月和6~8月，与科技之星一样，它也要求占有被投资公司6%的股权，不过它对每一个团队资助的金额都是18000美元。全球最大的社交内容共享平台Scribd和社交新闻网站Reddit等都是这家公司曾经的孵化对象。

与之相似的还有成立于华盛顿特区的快速数码公司（LaunchBox Digital）。区别于前两家公司，它除了提供15000美元到30000美元不等的资金援助，还为新成立的公司提供12周的行政和法律建议，对应地换取4%~8%的股权。

除了面向科技公司的企业孵化器外，美国不少公司都欢迎各行各业的创业团队申请资助。这些公司各具特色，比如以为创业团队提供全方位服务（包括办公场所、创业指导、法律、财务和行政支持等）闻名的梦想投资（DreamIt Ventures）和以优秀的导师团队闻名的资本工厂（Capital Factory）。前者给申请者提供的资金援助略高于同行，同时还安排受助者向投资者展示自己项目的机会。后者以获取5%的股权为条件为处于孵化期的团队提供20000美元的资金，以及品牌和标志开发、会计、金融、公关、法律援助方面的支持，同时还会定期邀请一些著名的创业家如约书亚·贝尔（Joshua Bear）、杰里米·贝肯（Jeremy Bencken）等担任创业导师。

另外，还有一些孵化器公司另辟蹊径，如为一些非营利艺术组织提供办公场所和资金支持的亮点投资（FlashPoint），或者希望培养更多关于新能源开发、垃圾处理的环保科技公司的环保商业集团（Environmental Business Cluster），这些公司专门为特定领域的创业者提供服务。

除了上述几种类型外，美国还有一些创业孵化器和高校联系紧密。他们不以高额的资金援助吸引创业者，而是从创业的人脉、技术支持方面入手提供服务，如本·富兰克林科技投资（Ben Franklin Tech Ventures）等。

另外，2007年高原资本（Highland Capital Partners）高级副总裁迈克尔·盖斯（Michael Gaiss）为了帮助投资者认识更多新兴的创业家，曾经创建了一家叫作高原之夏（Summer@Highland）的公司。由公司创办孵化器项目小组，也是美国孵化器的一种形式。

比起美国孵化器琳琅满目的样式，中国的孵化器仍是一个新兴产业。从孵化创业公司的主办方来看，中国的企业孵化器不少是由政府或非营利团体主办的，也有一些以大学为依托，由私营企业或个人投资者主办。按照服务对象的性质又分为托管型和策划型两种。托管型的孵化器面对的对象大多是初次创业的团队或者高科技、互联网创业者。这种企业孵化器一般为服务对象提供办公场地，提供投资对接、行政帮助。除此之外，还注重对创业团队人员素质的培养，定期举办一些论坛交流活动和创业培训。用一句老话来说，就是既授人以鱼，也授人以渔。

第二种策划型孵化器一般依托于大型的资讯策略公司，服务对象是已有多次创业经历、资金相对充足的创业者和中小微企业家。他们针对这类创业者的通病，为他们提供合适的商业模式策划、人脉资源和企业转型的策略等。

目前也涌现出了一些新兴的互联网孵化器模式，可以在线上帮助创业者和投资人进行对接，如天创投圈、缘创派等。这些本身拥有专业团队的公司可以帮助投资人筛选出更匹配其投资意图的创业项目，同时也帮助创业者更好地展示自己的商业计划，促成项目融资。

再如改变投资融资方式的众筹网站。众筹项目网站能够让项目发起者直接接触到资本。融资的对象也不再仅仅局限于风投和股权投资者。

如果项目允许,任何人都可以参与到项目之中,直接为项目提供资金支持。当然,众筹网站方也需要提供相应的服务和监管,推选项目上线,从而帮助创业者快速筹集研发资金,感知市场需求。在某些方面,一些大型厂商可与众筹平台合作,借助众筹平台寻找企业自身无法负荷但又与发展紧密联系的开发周期长、试错成本高的项目,直接吸纳项目团队,帮助产品上市量产。

3W咖啡馆最初之所以决定发展孵化器业务,可以说是因为熟悉互联网创业的鲍艾乐。

鲍艾乐认为随着国际化交流日益频繁,互联网创业热潮必然到来。3W咖啡馆本身致力于提供一个互联网创业者交流的平台,但3W孵化器并不鼓励在校大学生创业,它的服务多针对有经验的创业者。这是因为鲍艾乐发现,由于中国的教育体制或者国情原因,在校大学生的思想并不成熟,创业失败的比例比较高。

为了让3W咖啡馆发挥更大的效用,成为名副其实的企业孵化器,鲍艾乐也做了很多尝试。最初,咖啡馆和孵化器是混为一体的。创业团队坐在开放性空间内,彼此交流。但是,运营者很快发现,这样的开放交流也存在弊端。不少人在彼此交流,或者项目发起确立的过程中,容易受到第三方的干扰。为了弥补这方面的不足,为创业者提供更好的平台,3W咖啡馆下定决心将咖啡馆和孵化器分离开来,为创业者提供一个能够脚踏实地干事业的环境和氛围。

他们开始租用比较大的空间作为创业企业的办公地点。尽管仍是开放环境,允许大家不受拘束地交流,但更多的人在3W孵化器场地内还是以处理工作上的事务为主,3W咖啡馆则还是作为朋友们聊天、喝咖啡或创业团队疲惫不堪时小憩的地方。

2014年10月,深圳3W孵化器开放。6个月以内,整个团队陆续孵化了37家创业公司,同时收到了来自全国各地的300多份商业计划书,提供路演机会50多次,对接投资机构60多家。这个平台吸引了不少风投的关注。作为两家在美上市企业创始人、华山资本创始人的陈大同十分看好3W孵化器的做法,他时常前往3W和创业团队分享经验。像这样重量级的投资人还有很多,他们在3W开办的公开课、讲座是3W作为创业服务平台的魅力所在。

创业,本来就不是一件苦大仇深的事,有越来越多的人开始帮助年轻的创业者实现梦想。创业,不再是孤身一人,这是一件充满诱惑力的事。抓住机遇,成功的概率要比以往大很多。

📶 初创团队如何入驻孵化器

并不是每一个创业团队都能顺利入驻孵化器。

无论是国内还是国外的企业孵化器,在选择创业团队时都会进行全方位的评估和筛选。这样做不仅仅是出于有的放矢地选择回报最佳的团队的原因,更多的是为了有针对性地帮扶潜力最大的团队创业。一切对创业团队的帮扶投入都伴随着巨大的风险,较高的门槛也能够节约创业团队和投资者彼此的时间。在一定期限内,让投入获得最大的回报,让企业迅速破壳而出才是孵化器想要达到的目标。

例如,3W孵化器给予创业团队的孵化期是6个月,3W会从三四百个提交上来的创业项目中,通过筛选和面试创业团队,评估项目等方式找出10~20个幸运团队入驻孵化器,经过6个月,创业团队就可以"毕业"。

想要成为孵化器甄选的对象，首先要满足一个硬性规定：创业团队成员为2~9人。

其次，项目与团队人员的背景相契合。比如在一个房屋买卖网站的项目中，创业团队成员中至少应有一个人具有网站运营的经验。这项规定能够帮助投资者判断项目的可行性。当团队成员具有相关行业的从业经验，并且在互联网领域中有一定的特长和地位时，他们的想法相对成熟，提出的项目往往比较容易落到实处，具备更高的可行性。

再次，孵化器希望创业团队的成员能够专注于移动互联网以及互联网周边领域，最好有大公司工作经验以及团队管理经验。如同许单单所说，设置这样的门槛，并不只是为了获得更好的收益，同时也是为了保证孵化器内的团队处于水平相近的状态。因为孵化器会定期组织创业团队之间的交流，让团队互评项目的优劣，还会找一些著名的企业家担任导师与创业团队展开讨论。这时，如果创业团队水平参差不齐，就很可能浪费掉这些珍贵的资源。

简单来说，在选择要帮扶的创业团队时，3W孵化器秉持着看人看项目的原则。就像是一般人判断高富帅，会从是否具有丰富的工作经验、良好的家庭环镜、优质的教育背景和出色的长相出发一样，孵化器选择一个创业团队时，通常会关注团队人员配比是否合理、是否存在领导人物（leader）、团队成员之前的工作经验如何等，同时注重判断项目商业模式和业务模式是否可行。

除了满足上述条件外，入驻3W还需要缴纳入驻金。这个费用相比于同地域传统办公场所的租金和服务而言十分划算。创业者只需每人每月缴纳999元，即可在3W咖啡拥有一个相对独立的办公位置，同时可以享受免费的统一行政服务，比如水电、打印、收发快递等，还能以工位作为创业公司的注册地址。此外，3W 咖啡还会为创业者提供诸多软性资源，比如投融资对接、行业培训交流及优惠的企业级服务等。因为收取租金，许多人认为许单单提出的 3W 企业孵化器是一种变相的盈利项目。然而，将租金和 3W 提供的种种服务比对来看，3W 咖啡馆其实并不赚钱。

用许单单自己的话说，每月 999 元一个工位，也就是每天 30 元钱，相当于你一天买一杯星巴克的咖啡。如果你向 3W 咖啡缴纳这笔费用，那么，无论是工商注册，还是法律咨询、导师交流，3W 咖啡都可以为创业团队提供一对一服务，还免去了创业团队为印制名片、打印文件等琐碎事务投入时间和金钱成本的麻烦。

运营 3W 孵化器其实是亏钱的，但即便如此，他们也想方设法地帮助那些优秀的创业团队走得更远。为此，3W 咖啡馆设立了一个 1500 万元人民币的小基金会，能够以直接资金投入的方式帮助创业团队融资。在创业团队成功时，用占有股权或其他形式获得投资回报。

有后续资金投入是让 3W 咖啡与车库咖啡区别开来的关键。即便两者同为互联网企业孵化器，甚至貌似是同类竞争，车库咖啡更像是流水生产线的上一环节的发生地，它是一个创业团队做头脑风暴、互相交流、寻找合作伙伴的地方；而 3W 咖啡馆是项目启动后落实的地方，两者服务的用户群体是不太一样的。

3W 咖啡馆的企业孵化器项目比较像是放长线钓大鱼。基金会使得孵化器能够择优投资，在创业成功的团队第一期融资时加入。一般以 30 万元左右的资金换取 3%～5% 的股权，但并不参与经营。这笔资金能够帮助团队更好地进行产品研发，形成一个初步的成果。一般的创业团队都能凭借这笔资金成长起来，具备吸纳下一轮融资的实力，找到更多的天使投资人来支持企业的成长。因此，3W 咖啡馆获得收益是一个漫长的过程，它需要静待一个团队真正羽翼丰满，才能够获得真正的回报。

许单单在一次访谈中笑谈道："**我们对孵化器这个事情是按 10 年来规划的。**我们希望在我们不想干活、不想再亲自创业的时候，或者大家都财务自由的时候，这件事（指孵化器）才变成我们的全职工作。所以现在我们就是养着它，不以赢利为目的。目前没有任何赢利的预期和要求，纯粹就是希望这个事情对我们有用、有益处。由于很喜欢这个事情，而且觉得往后看 5 年、8 年，这也是蛮有价值的事情，我们就希望好好去做。带着很强的功利心态去做它的时候，往往做不好，反而是带着泰然处之的想法、公益性的想法去做，会把它做得很好。我们对它抱有很大的期望，但是这个期望放在 5 年、8 年之后。希望我们这几个合伙人，哪一天变得非常有钱了，就可以把这个当成终生目标了。"

选择企业孵化器的形式对于创业团队和 3W 咖啡而言是一种双赢。对创业团队而言，其实中国也有很多好的风投或基金，但是创业团队并不乐于与他们合作。因为通常在接纳资金的同时意味着需要对投资人做出妥协，需要让步于投资人的需求，导致产品的研制变得功利。许多人创业并不是为了赚钱，而是出于爱好，或者基于将自己的奇思妙想变为现实的梦想，他们不希望为了钱卖掉自己的梦。孵化器以提供各种优质服务和相关资源的形式，吸引着创业团队。由创业团队自己支付工位租金，在创业团队看来，这是一种公平的交易关系。真正的投资是发生在公平交易之后的阶段——企业成长起来以后。这时创业团队比较容易接纳 3W

给予的资金支持，而且 3% ~ 5% 的股权也无法撼动创业团队的自主性。

而在 3W 集团看来，企业孵化器将帮助他们找到众多创业项目中蒙尘的东珠，后期担当基金投资人的角色是为了收回前期的投入。许单单认为 3W 孵化器未来的发展道路就是成为孵化器的商业基金投资人。

999 元一个工位并不是没有期限的。一旦创业团队独立或成立，或者拿到后续的投资资金，就必须离开孵化器这个办公场所，加入到 3W 校友群中。在这以后，3W 在企业孵化器时期所提供的软性服务并不会终止，只是企业的办公地点发生了改变而已。

通常 3W 会选择让已经拿到投资，且成员数超过 7 人的团队在孵化器办公室滞留比较短暂的时间，通常是几个月。因为在这里，许单单通常在面试环节中就会发掘到出彩的创业项目，并告诉投资人。一般情况下，公司在成立几个月后就能拿到资金，搬离临时办公区域。这样的规定，也是为了督促创业团队，一旦产品雏形形成，也验证了市场可行性，就快步发展。而 3W 孵化器拥有的资源和服务指导，也会因为企业的发展和人员的不断增加而越来越多，所有加入 3W 校友会的成功人士都能够反哺仍在孵化器中的团队。当然，离开孵化器后，创业团队要想享用同样的软性服务则需要花费一笔钱，这也是为了维持 3W 孵化器项目的正常运转。

深度服务就是把帮助做到极致

"只要你有好想法，就能够在这里得到帮助。"这句话是对 3W 孵化器的真实写照。

2012 年 8 月 27 日，两个十几岁的中学生心情忐忑地走进了 3W 咖啡，找到鲍艾乐讨论他们的创业计划。一般人看到这样年轻的创业者都会下意识地直接拒绝,但是鲍艾乐认真地问了他们的想法。原来他们想要研发一个"哼唱"软件,他们认为这个软件研发出来一定能"火",于是来3W咖啡馆找投资人。

鲍艾乐听后觉得不可思议:"你们会编程吗?查过资料吗?知道怎么做吗?"两个小创业者面面相觑,不知道如何回答,眼眶甚至有些湿润。鲍艾乐接着问:"你们什么都不会这怎么办?"两个中学生不吭声了。

鲍艾乐仔细思考后,觉得他们的创业计划还是有可取之处,只是他们年龄太小,不清楚创业的步骤和必要的前期准备。她认为既然他们有勇气和毅力走到这里,就值得帮助。于是,她让他们回去等通知,同时把这个特殊的情况汇报给马德龙。马德龙很快联系了自己的好友腾讯QQ音乐的产品经理和迅雷的副总裁。迅雷的副总裁听完马德龙的说明后,觉得这两个中学生的点子有闪光之处,于是专门和他们交流了想法。

两名中学生在3W咖啡的帮助下,利用课余时间学习创业需要的知识,信心满满地筹备着,希望有朝一日能够让现在还是"概念型"的软件安装在每一个音乐爱好者的手机中。

在3W孵化器,类似的事情经常发生,每一个人都愿意利用自己的人脉圈帮助创业者寻找合适的投资人。无论是许单单、马德龙还是鲍艾乐,每一个创始人都可以通过自己的人脉圈充分利用互联网的力量,让互联网真正活起来。

鲍艾乐曾对《留学》杂志说:"在中国创业,创业者可能要花3个月的时间做很多跟创业不相关的事情。**3W所做的事情,就是想降低创业的基础门槛,让他们可以把精力更多地集中于创业本身。**"这就是3W正在做的事情。他们为创业者提供开放式办公区、行政服务、工商注册咨询，提供种子期投资，定期举办创业辅导，帮助创业者进行投资人对接、创业路演、开发者服务、招聘、推广等。他们甚至邀请中国最好的互联网公司的产品运营、技术设计方面的专家亲自来对创业者进行指导。

在美国，孵化器的发展伴随着风险资本的推动和创业成本的降低，互联网发展技术能够帮助企业更快地发起创业项目。现如今，大多数孵化器提供的是办公环境，种子投资以及初创公司的法律、公关、工商、管理咨询等服务。初创公司付出的代价只是一部分原始股。但除了上述服务外，初创公司还能够在3个月到1年的孵化期内得到许多难以想象的益处。这也是为什么美国idan创业孵化公司开放申请时，有成百上千家初创公司争抢着那十几个珍贵的席位。

美国企业孵化器公司的导师机制、校友机制，以及与风投、大企业的合作都已经相对成熟。不少孵化器都为初创团队提供了优质的导师指导。这些导师除了自己关注初创团队的项目外，还乐于利用自己的人脉资源，对其产品研发、市场开发和融资进行帮助。这些导师不仅仅是挂名，也不是举办几次宣讲就当作参与了，他们与初创团队的交流是很深入的。有些孵化器甚至设立了导师下午茶时间，帮助创业团队和导师建立更紧密的联系。

在美国，这种导师机制已经形成一种良性的互动。导师对于初创团队的帮助是显而易见的，初创团队将得到专业的扶植，能够更快速精准地找到产品研发的方向，吸引更多的投资。对导师来说，他们大多还兼有投资人身份，而越早与初创团队建立紧密联系，越容易把握机遇。与创业者建立合作关系，甚至能够用自身提供的资源换取一部分原始股。

中国孵化器的校友机制也借鉴自美国高校校友机制。校友互动的方式能够加强已经成功孵化的企业和新生的初创团队之间的联系，营造一个良好的同平台竞争交流的氛围。

在风投方面，由于美国初创企业的投资环境已经相对成熟，所以孵化器和风投合作紧密。不少风投就参与了孵化器早期种子基金的建立，又加入了许多企业的孵化过程，也会在完成孵化后，参与到企业的进一步融资中。孵化器能帮助风投找到更好的投资项目，同时风投帮助孵化出的企业得到更好的发展。比如洛杉矶的 LA Amplify 就与 BC 资本（BC Capital）、格雷克罗夫合伙明日创投（Greycroft Partner Tomorrow Venture）合作紧密，而另一家有名的孵化器 Mucker Lab 则与 KPCB 等风投合作密切。这种合作节省了大公司直接组建相关团队的成本。

除此之外，美国的孵化器大多由白手起家的创业者建立。这些具有丰富创业经验的人熟悉创业和企业发展的整个过程，对初创企业发展的需要有着深刻的认识，他们明白如何从融资、咨询、媒体公关等各个角度帮助初创团队，能够更好地指导初创团队建立和管理团队建设。比如 YC 的创始人保罗·格雷厄姆（Paul Graham），理想实验室（Idealab）的创始人比尔·格罗斯（Bill Gross），LA Amplify 的创始人保罗·布里卡特（Paul Bricault），科技之星的创始人马克·苏斯特（Mark Suster）等都是成功的连续创业者，他们给予初创团队的帮助是直接而实际的。

3W 孵化器希望能够在未来变得更加成熟，给创业团队提供更好的服务。他们借鉴美国孵化器公司的成功之处，建立了 3W 校友圈，通过校友机制发挥集群效应，共享资源，尽其可能地发挥优势帮助创业公司。比如一家公司的市场改进建议就可以从同期的另一家公司获得。

3W孵化器第一批21个孵化项目中，19个拿到了融资。这些团队在创业初期都获得了来自3W的50万元人民币种子基金，后续还会获得更多风险投资和天使投资人的帮助。

当然，在发展过程中，3W孵化器也遭遇了一些挫折。最关键的问题在于缺乏优质的导师，没有办法给初创团队提供最切合需要的指导与服务。为了克服优秀导师匮乏的问题，3W孵化器花大力气寻找法律、财务、市场推广、产品、技术、运营等方面的创业导师，让他们参与孵化过程，帮助解决一些困扰创业团队已久的难题，比如如何管理、如何分配股权、上线后如何推广等。

他们相信通过信息推广能够找到那些乐于分享的技术牛人、法律达人或者业务狂人。当然，作为担当创业导师的回报，他们可以在3W咖啡的公众平台上做相应的推广，让自己或自己所在组织的LOGO、宣传单页出现在平台上。

随着互联网红利的到来，类似美国硅谷创业导师一样的公益创业家会不断涌现。那些因互联网受益的来自中国第一批互联网公司的领先者会站出来，将自己的经验分享给其他小公司，分享给想要通过互联网创业的年轻人。到了那时，北京中关村的地标将不再是海龙大厦、鼎好大厦这些高科技产品销售地点，而是活跃着一群热血沸腾的创业追梦者的中关村创业大街。

早餐会：初创团队如何获得天使投资

一顿咖啡馆早餐的时间能做些什么？

在创业阶段，尤其是在早期，创业者必须争分夺秒，比如阿里巴巴的创业者马云曾经在 6 分钟内争取到融资的机会。创业者如果参加了 3W 咖啡举办的创业早餐会，也许在喝咖啡、吃早餐、看路演、听点评的过程中，激烈的头脑风暴就开始了，也可能在这短短的时间内找到了合适的融资合作伙伴。

设立早餐会的出发点是，**在早餐时间让更多的创业者了解如何挖掘创业机会，找寻将想法变为产品、组建团队、做技术、卖产品、找融资、开发全新盈利模式的方法。**参与创业早餐会的不仅仅是想要获得投资机会的创业团队，还包括对这一切感兴趣的观众。每一期的创业早餐会的参与者都包括 100 位观众、4 个创业团队和 4 家投资机构的负责人，地点在北京 3W 咖啡二层的 IPO 会议室，通常是 4 家创业团队现场路演，时间为 10～15 分钟。每一位观众都可以一边享用早餐，一边观摩创业团队如何争取投资，并向路演创业团队和投资人提问。

在短短的十多分钟内既要展示创业团队全部的成果，还要说明自己的需要，这对于任何一个初创团队而言都是难题。3W 投资基金投资总监郑焕德就十分乐于向大家分享经验，比如想要在最短的时间内赢得投资机构的关注，就得让对方了解团队的成员组成、即将提供的产品、团队的需要和可以让渡的利润。

其中，最需要重点突出的就是 PPT。这是所有初创团队都应该掌握的。通常 PPT 展示的内容应当包括以下 6 个部分：

1. 团队介绍

团队介绍不仅仅是介绍团队的人员构成，重点在于让投资人了解团队成员的具体分工和过去的经历。敏感的投资人能够通过团队人员的构成、分工和过往经历判断出这个团队是否值得信任，甚至会影响他们对项目的看法。团队介绍的具体内容，除了每一个人的能力和成绩之外，还应包括核心团队成员参与的方式，哪个人是全职、哪个人是兼职、哪个人是顾问，等等。

例如，体育馆 O2O 的发起者王先生是团队的 CEO，他有 3 年的网球馆经营经历，现在负责体育场馆的线下拓展和公司的整体运营；小马是 CTO，他过去在腾讯某部门担任工程师，现在负责整个产品的开发；小张是 CFO，过去在联想会计部负责内部审计，等等。

这一环节可以多花些时间，因为无数创业成功人士的经验表明，大多数投资机构看重的不是项目而是运营项目的人。所以，要想做好一份路演计划书，展现团队的优势和已有资源是关键的一步。当然，并不是所有的初创团队从一开始就是人才济济的，没有资金很难吸引大量人才聚在一起，但是团队的稳定度和风格往往取决于团队的核心成员——项目发起人。

2. 要解决什么问题

这通常是一个项目区别于其他项目，让投资人感觉到优秀独特的部分。投资人往往喜欢问："你设计的产品或服务解决了用户的什么问题，满足了用户的什么需求？"因此，创业团队在 PPT 的准备过程中也要对自己提出问题：是否已经充分了解了用户的需要。创业，要做的就是在一个新颖的想法之上添砖加瓦，建造一幢美丽的大厦。对于创业团队而言，除了创业最初构想的点子要出彩之外，还需要注意能否用具体的描述将它表述出来，也就是要说明项目的具体"痛点"。

体育馆 O2O 例子中王先生公司的"痛点"就是让用户更方便地预订场馆。他们实际上解决了用户对运动场馆使用情况不清楚的问题。用户无法在去之前得知是否有空场，也不了解能选择哪些场馆；对于体育场馆来说，该项目解决了顾客口头预订但约定时间未出现的场馆资源浪费问题和新开张的场馆名声不响，市场占有率低，推广力度不够的问题。

不过，这个需求点是否恰当，或者有没有什么其他方式能够满足也应该事前分析好。比如第一个问题，对于用户来说并不是很难解决的，他可以通过打电话咨询的方式获得相关信息。而对于后两个问题来说，场馆可以采取设置保留时间等方式来确认预订，可以选择投放广告等方式来进行推广。

总的来说，很可能对于创业者来说很好的点子，并不是市场的刚性需求。很多创业团队喜欢用市场数据、市场规模预测、模型等为自己的点子增加可信度和可行性，但是假如投资方熟悉这一领域，这些自以为加码的东西就很可能变成班门弄斧的手段，反而令人反感。所以创业者还是要将重点放在解决具体问题上，不要在市场方面过分着墨。

3. 产品或者服务介绍

这一部分展示的是产品或服务的定位。用最简洁的语言概括介绍你和你的团队如何解决你想要解决的问题。将想做的事用一句话概括出来，其实也是不断思考产品方向、调整产品定位的过程。

大多数创业团队都十分看重这一部分，他们要么直接把产品交互图、流程图展示出来，介绍过程细致到产品有哪些功能、功能如何操作、如何实现目的等方面，要么还停留在上一部分，仍然在重复点子和想法，没有说明如何落实。当然，如果产品的主要卖点是用户体验或者视觉设计，你可以将卖点单独展示出来，让投资者了解产品如何吸引用户。但大多数情况下，投资人想了解的是想法如何变为现实。

仍以王先生的项目为例，他提供产品的核心观点可能是"一键找到最近的空闲场馆"，也可以是"快速进行场地预订"。在具体展示时，只要说明创建一个对接场馆内部管理系统的系统，提供"查看附近某类型体育场馆并进行场地预订"就足以打动投资人，让他们了解你的想法是通过什么方式落实的。不要把这部分的说明想象成产品或服务使用说明书，投资人不用了解打开什么样的页面、看到什么样的列表、如何输入筛选条件等，他们只要了解用这个产品能做什么。

有很多人认为如果描述得比较具体，投资人很可能会窃取创业团队的智慧成果。如果创业者有类似的想法，那么，也许你根本不应该出现在创业早餐会的现场。不妨先想明白自己是否需要寻找投资人，或者应该寻找什么样的投资人。

创业者为了避免出现点子、创意、成果被窃取的状况，应该做好事前准备，充分了解自己的业务和投资人的背景，核查投资人投资的公司是否有相似领域或冲突领域的产品。询问自己，这个投资公司是否可靠，是否会在后续的过程中就股份、股权等问题产生纠纷，同时问问自己要是别人知道了这个点子，能否超越自己。如果你的点子不是独一无二的，一旦被抄袭就会失败，那就要谨慎并重新思考项目的可行性和独特性。

4. 发展规划

通俗地说，这部分的介绍就是给投资人"画大饼"。当然，这不是没有基础的"画饼"，公司或产品的发展完全建立在前3点所介绍内容的基础上。这部分主要描述产品成熟后应该如何推广，目标、发展战略、商业模式等信息都体现在这一部分。

很多时候没有必要把公司的商业模式、市场推广、潜力等单独拿出来说，因为大多数商业模式都是简单易懂的。对于早期的互联网创业公司来说，只要拥有潜在市场即可，商业模式随时都会发生改变。你需要仔细研究目前市场的竞争环境，列出所有潜在竞争对手，运用科学的方法分析自己的优势、劣势、与竞争对手的区别，帮助投资者了解公司的立足点、产品的差异性以及在现有的竞争环境中如何突破。

5. 财务预测和融资需求

这一部分取决于项目进展，处于初期的项目只要做一个简单的财务预算就可以：分析一下资金的分配，比如人力资源成本、服务运营成本、研发成本、市场推广成本的比例；列出每月的固定投入，或者一年的花费。如果项目已经相对成熟，涉及具体的运营成本，迫切需要融资，那么初创团队需要做一个详细的财务计划，列出每个月每个项目的开支，并分析利弊。

对于初次创业者来说，做财务预算是令人十分头疼的事情，融资多少、让渡多少股权也都是难题。创业者跟投资人说需要融多少钱，对方就给多少钱，这几乎是不可能的。真的遇到这种状况，反而要考虑一下自己是不是遭遇到商业诈骗。为了解决这些难题，初创团队需要找一个可靠的财务人员，根据公司发展的规模、预计利润进行精准的财务预测，判断公司是否需要融资，让渡多少股权才能够在不失去公司发展主导权的基础上，为公司赢得发展的机遇。

创业要用剪刀法：聚焦，再聚焦

20世纪80年代初期，美国学者首度提出"反混合兼并""反多元化"等商业运营策略，引起强烈反响。

90年代初，康斯坦丁诺斯·马凯兹（Constantinos Markides）对这一商业运营模式进行了详细研究，并将研究结论记录在《多元化、归核化与经济绩效》一文中。他认为美国对于归核化的概念所使用的术语不够准确，并对此进行论证。他还首次将摄影术语"focusing"引入商业经营模式，取代原先的商业术语，也就是当下直译而来的"聚焦"。

马凯兹经过对企业绩效的反复对比，得出一个结论——能够超越商业认定为最好的多元化经营的营销模式，只有企业产品聚焦。

哈佛大学商学院著名教授迈克尔·波特（Michael Porter），曾经对1950—1986年美国33家大型企业的多元化历程进行调查分析并得出结论：多元化经营如果不能与企业可持续的竞争优势紧密结合，通常只会破坏经济价值。20世纪90年代的中国内地，名噪一时的秦池、巨人相继销声匿迹，充分证明了波特的论点。

创业企业通过一段时期的发展，进入较为成熟的"青年期"。企业在这个"精力旺盛"的阶段，一般面临两种运营选择：第一是将企业规模做大，多元化经营以降低商业风险；第二是将企业产品做精，整合企业资源并将其聚焦在特定的少数几种产品上，优化资源的同时力争做成行业的"典范"。日本的索尼、美国的波音、中国的万科在行业内同属领袖级别，3家企业在"青年期"所采用的运营模式，正是产品聚焦模式。

许单单被外界戏称为"剪刀许单单"，因为许单单的创业观与方法论就是做"减法"，这也是一种聚焦。

目前专注于种子期企业融资的3W基金所投资的公司已有22家。其中一家叫作"小脸猫"的上门美容公司，曾与许单单专门就企业运营模式进行探讨学习。许单单的观点很简单，就是做减法，极致的减法。

小脸猫美容机构所经营的项目与普通的美容院大致相同。不同的是，小脸猫对于服务人群做了极致的聚焦，它只针对女性上班族提供服务，除此之外，不服务任何人。

针对小脸猫的做法，许单单却认为聚焦力度不够大。他提出，让小脸猫在原有服务人群聚焦的基础上，再进行服务项目聚焦。也就是要小脸猫取消大部分经营项目，只做"清洁"一项。

许单单是这么想的："等（清洁）这个单品做得足够好，客户一想到面部清洁就能想到小脸猫，那么推广就实现了。小脸猫团队当时有疑问：是不是服务范围太窄了？然而，这么小的一个团队，（把美容院整套服务）都搬过来，那需要多大的研发体系，需要对业务员进行多么复杂的培训才能做得到？所以我们的能力就在这个地方。因为亲自干过咖啡馆，（我）知道如何进行业务线收缩、产品收缩、市场收缩等，其实就是做各种减法。"

在中关村，创业者似乎能够看到天空中到处飘着钱，想要让钱落地却找不到具体有效的办法。一家创业企业要想成功，融资和招贤纳士都不是最关键的，重要的是必须懂得剪掉不必要的产品，留下最有价值的产品专注，地进行优化加工——做减法，让企业本身最优质的资源与产

Part2 曲线跨界：创业生态的养成路径

品去决定企业的生死。

企业要通过做减法真正做到产品聚焦并不容易。许单单和马德龙就曾为此发起过一场长达十几个小时的"战争"。

一间会议室内，瘫倒在沙发中的许单单和精神焕发的马德龙，已经鏖战了十几个小时。

他们争论的焦点就是黑板上的4个词：PC、微信、H5、APP。许单单力挺PC端，马德龙坚持APP的移动端诱惑，两个人僵持不下。许单单筋疲力尽，只好使出撒手锏——减法原则。他对马德龙表示现在资源有限，他们的能力只能满足3个产品。马德龙很无奈，但还是迟疑地将H5擦去。许单单不依不饶，继续说："就这么点钱，做两个吧。"马德龙只得又将APP擦去。许单单总算松了口气，他说："看，我们达成共识了。"

台球大师曾说："你想要打进一颗球，就必须学会集中精力瞄准目标球的最致命的进球点。"产品聚焦与打台球的道理是类似的，想要成功击中目标，达到理想效果，就必须学会专注于球上最关键的那一个点，而不被那颗球上的其他无数个击球点分散精力。

许单单在运营模式上选择了极致的减法，专注于"一个点"的研究，在社交活动中也遵循同样的处世原则。许单单与许多投资大佬交好，这种做法颇受人非议，他却不以为意。对于不必要的社交，许单单一概不予理会。他与鲍艾乐的认识过程就是最好的例证。

2013年3月，鲍艾乐在腾讯辞职员工的QQ群里跟许单单搭讪，许单单只回了3个字"你谁啊"就再无音信。同年10月，许单单为筹建3W咖啡馆建群，将鲍艾乐也拉了进来。鲍艾乐起初还有些欣喜，但她很快发现许单单发了一条微博,"我们的众筹咖啡馆,急需女同学加入",这让鲍艾乐的欣喜变为"空欢喜"。后来,鲍艾乐没少用这件事"挖苦"许单单。

一个优秀的领导,**懂得将自己的每一份精力花在值得的地方**。自2011年8月起的3年里,许单单为3W咖啡做出过3个最简单的决定:做咖啡馆、迁至中关村、开创拉勾网。就现下3W集团在市场的运营状况来看,许单单专注做的每一件事都做得不错。

3W集团做产品聚焦的过程,大致有这样几个步骤:

第一是业务聚焦,也就是减产品。雷军只做一款小米手机,就赚得盆满钵满。一个企业如果产品线太多,就会缺乏聚焦点。业务聚焦首先需要注意消费者的核心需求,其次通过摒弃不必要的功能缩短开发周期,再者要找出与市场同类产品的差异,并将自身优势做到极致。

第二是市场聚焦,减渠道。互联网时代的产品聚焦,需要以企业生命周期为维度进行。原因很简单,在快节奏的信息时代,原本只发生在线下的事情,也可以发生在线上,且速度更快,选择性更强。

第三是"能力"资源聚焦,减人。实施能力资源聚焦前,需要从人力资源与能力角度结合企业自身发展状态,进行聚焦的动调分析。能力资源聚焦不是传统意义上的裁员,而是在原有人员的基础上进行结构优化,以提高工作效率。互联网时代,产品成功销售的基础是高效、快捷的营销,要避免因为自身人员结构组织不完善而影响整个企业的行进速度,置身于时刻都可能被同行超越的危险境地。

融资逻辑：不求多，但求快

拉勾网创立前夕，许单单找来的第一位投资人是东方弘道的合伙人张逸龙。能够将这位投资大佬拉进来，首先是因为 3W 咖啡拥有互联网圈所认可的品牌能力。其次是因为许单单、马德龙与鲍艾乐做 3W 咖啡馆时表现出的团队能力与韧性。"不花钱就能在互联网圈内打造一定的名气，这 3 个人还真有点儿本事。"

除了对 3W 的领导团队非常认可之外，3W 咖啡馆内那面互联网公司玩偶装饰的墙面，也是张逸龙愿意投资的一个原因。

以张逸龙为代表的东方弘道，为许单单做了背书。接下来说服天使投资人杨向阳的过程，就显得相对容易许多。杨向阳又将曾李青、徐小平等 6 位重要股东拉进来，与东方弘道一起为拉勾网筹集了几百万元的天使投资。

许单单创办拉勾网初期，对于它的商业价值没有任何把握，只是单纯感觉有一定的发展空间。6 位投资人愿意为一个连商业模式都不清楚的项目出资，归根结底还是出于对 3W 团队的信任与支持。

企业进行融资时，投资方首先会对融资企业的经营状况、资金拥有状况、产品商业模式以及发展前景等各方面的硬实力全方位估值，通过科学预测后决定是否进行投资。但是，芝加哥大学心理学教授乔丹·雅波威慈（Jordan Jacobowitz）与投资者莱斯利·普拉齐（Leslie Pratch）合作研究却表明："系统的心理学分析能有效地降低风投面临的风险。VC 的战场和任何市场一样，供求关系很多时候决定了价格，而这些细枝末节中展现的软实力能让一些公司更受 VC 的青睐，从而获得更优质的投资。"

在《新帕尔格雷夫经济学大词典》里面，融资是指"为支付超过现金的购货款而采取的货币交易手段，或为取得资产而集资所采取的货币手段"。

融资是企业资金供求不平衡时的制衡器。资金问题出现时，企业将支付一定代价，筹集具有一定期限和额度限制的资金。问题解决后，企业获得一定收益时，再以低风险为基本原则将资金有期限地投放出去，从中获益，以保持企业资金供求平衡。

简单来讲，企业成长的过程是从产品经营到品牌经营，再到资本运营的双重过渡。发展过程中出现资金问题时，需要社会专业机构或者个人协作解决。这种解决问题的过程就是融资。除此之外，融资通常可作为创业企业的开端。创业企业经过自我成长，到一定阶段后会再次进行融资。所以市场上很多人认为，创业企业的发展就是融资、发展、再融资、再发展的循环递进过程。

研究表明，除硬性条件之外，企业融资还需要一定的软性条件，且在促成融资的过程中，软条件产生的贡献有时甚至会超越硬条件。移动支付公司Square创立之初能够成功融资，也是由于风投看到其创始人杰克·多西（Jack Dorsey）合作创办推特所积累的丰富创业经验。

2014年8月20日下午1点，3W咖啡、拉勾网联合创始人许单单在3W咖啡创业大街店门口完成了冰桶挑战，当他往自己身上浇下冰水时，围观的人群发出阵阵尖叫。拉勾网当日公布完成2500万美元的B轮融资，这家成立仅仅一年的公司获得了约8亿元人民币的估值。

一年时间内，拉勾网完成了从找投资人到B轮融资的整个过程，发展之快令人惊讶。在许单单看来，作为企业核心领导，对于融资的意识一定要正确。他的理念是不求多，只求快。能够让企业快速稳步发展的融资方式，才是具有市场意义的融资。

有人认为，许单单之所以对于融资额度没有要求，是因为他本身就是天使投资人。许单单对此并不认可，他认为："其实这是因为我们自己经历过的过程，就比如拉勾网，你发现稍微和别人砍一下价，那就是一百万起的差价，那就是你天使（轮融资）的好多倍，但B轮融资的时候，稍微砍下价，几乎就等于A轮融资的全部资金了。这时候，钱不在多，尤其早期的时候，钱多没什么用的，就是但求钱快。"

企业估值的方法常见有以下几种：市盈率参照、净资产价值参照、市场横向比较参照和现金流贴现参照。

初创企业在最初的几轮融资时，绝大多数还没有进入到盈利阶段，不可能按照市盈率参照的方式来估值。净资产价值参照也不是一个能够得到多数人认可的评估方式，因为创业企业都有一定程度的创新，在技术和产品研发上所做的许多投入是否能够转化为无形资产、能转换多少数量很难达成一致。市场横向比较法有一定的参考性，但是在应用该方法估值时需要满足一定条件：参照企业与评估企业在规模、经营方式和面临的市场环境相似，评估基准时间间隔不能过长。

现金流量贴现参照法就是把企业未来特定期间内的预期现金流量还原为当前现值。企业的价值具体来说就表现为其未来赢利的能力，只有具备这种能力，才会被市场认同。因此通常把现金流量贴现参照法作为企业价值评估的首选方法。

创业企业在融资时，通常会犯的错误就是攀比心理造成的"贪大"。 很多企业只看到小额融资会降低企业估值、加大股份稀释的弊端，盲目追求大额融资的时候往往会忽视小额融资的速率。例如，200万元的天使投资，需要企业花费大量时间与精力来完成。而如果将金额变为100万元，所需的时间就会少得多。拿到钱的企业可以快速开展项目，进行推广营销，起点就相应靠前，产品的完善周期也会提前，所得到的用户自然也会更多。

比起部分企业看重股份稀释，许单单更看重的是自身的项目能不能做大。对于企业融资的过程他看得比较透彻：拉勾网前期的天使投资，目的只是打造产品的模型。当拉勾网拥有一定市场的时候，A轮融资就顺理成章了。等到用户对拉勾网的需求量与认可度达到一定程度时，B轮融资也就水到渠成。

拉勾网的A轮融资在2013年12月完成，2014年3月公开发布，投资方是贝塔斯曼。"我在此前做创业项目'放心美'时，就跟贝塔斯曼有过接触，但并未合作成功。这次我们彼此已经很熟悉，所以直接谈合作会非常快。"和贝塔斯曼的合作只用了一周时间就快速达成协议，十分符合许单单融资求快的核心追求。

A轮融资的金额一般在100万至500万美元，少数会达到1000万美元，正常情况下占股20%左右。初始价格一般由企业管理者给出，最终价格取决于投资方对企业的估值。

业内人士把企业估值当作一门艺术，因为没有什么方式能够证明其科学性。一家企业未来能否成为明星，用销售额、利润、现金流等方式是无法科学计算的。名噪一时的社交网站聚友网（MySpace）在沦为明日黄花之前，就受到投资人的追捧，因为投资人"经过多方计算"之后对它的前景十分乐观。通常来讲，投资人除了通过对产品与服务所界定的企业定位进行了解、测算外，也会在估值过程中对企业市场占有率、核心竞争力、损益平衡周期、承担风险分配等方面进行考量。

对于拉勾网的 A 轮融资，贝塔斯曼给出 500 万美元的高价。和可口可乐卖的是品牌与配方，而不是商品本身一样，拉勾网的用户体验是投资方肯出高价的主要原因。在微博和招聘 HR 中获取大量客户反馈后，贝塔斯曼认为他们给予拉勾网的投资额度是一个合理的价格。

A 轮融资的成功运作，让拉勾网在产品完善、用户规模、行业排名等方面上了一个大台阶。几个月后，拉勾网拿到了 B 轮融资。

"如果说天使轮融资基本靠行规，A 轮融资是依靠行规和部分运营数据来判断估值，那么等走到 B 轮融资时，每家公司融资的金额和估值已经拉开很大的差别了。行规起的作用变小，个体起的作用变大，这时候的估值基本看项目做得好不好。"许单单将 B 轮融资的成功归结于拉勾网产品的成功。拉勾网所呈现的市场数据，以及产品本身所具备的可发展空间，是征服投资方的重要因素。

与 A 轮融资不同，B 轮融资时投资方不会在投资额度上讨价还价，他们考虑最多的是如何帮助企业快速成长为业内明星，拿到过半的市场份额。旅行房屋租赁社区空中食宿（Airbnb）的 A 轮融资是 700 万美元，B 轮则接近 5 亿美元，这就是企业在不同阶段折射出不同价值的体现。

"2014 年，拉勾网上的企业接近两万家，招聘效率达到同行业的 6 至 7 倍，应聘成功率稳步上升，平均几次面试就可以成功拿到一个 offer。"正是这组数据，向投资方证实了拉勾网赢利的可行性，让拉勾网获得 B 轮 2500 万美元的高额融资。

"有经验的风投不相信世界上有不存在风险的买卖",著名投资人戴维·格德斯通(David Gladstone)对投资风险有这样的认知。许单单快速、顺利地拿下两轮融资,并非投资方对于市场风险没有估算,而是作为创业公司的3W集团目前的市场规模,给了投资者们一颗定心丸。

创业企业进行融资,就像对离过婚的女人求婚,双方都有盘算,仅仅浪漫是无济于事的。而这种算盘,在对创业企业的价值评估上表现得最为突出。

从最基础的商业逻辑上说,企业价值的认定主要取决于能够获得的市场空间,以及能够通过市场服务实现的利润获得能力。创业企业虽然在起步阶段缺乏有效的市场服务产品和现实的获利能力,但只要创业企业所设计的产品和服务能够填补市场空白,能够切实抓住一部分目标客户并维持客户的忠诚度,拥有超出本行业平均水平的盈利能力,企业的价值就是可以预期的。

未来盈利预测的情况和可信任程度主导着企业价值的认定,而天使投资人和风险投资机构可以带来的共享资源,以及对创业企业发展和获利的帮助程度也影响着投融资双方对创业企业价值的认定。

再上路，折腾不止

　　"互联网+"是一个大热的概念，但千万不要被互联网夹住了脑袋。所有商业的成功归根到底一定是因为有好的模式、有好的团队。创业企业绝不能在喧嚣中迷失了自己，越是成为外界焦点的时候，越要聚焦自己。

第一章
创业，要么拼，要么死

打硬仗：足够疯，足够简单

以拉勾网发展的历程来衡量的话，它在创立一年后即获得1亿多美元的估值的确让人不可思议，但评价一家公司的估值其实有很多角度。

在外界眼中，拉勾网产品本身好是其估值高的根本原因。说它重新定义了互联网招聘行业的规则也是一点儿都不夸张：第一次完全以用户为中心，让招聘这件事从"广告"回归到"服务"本身。用户的口碑就是最大的价值。

拉勾网的数据肯定是支持高估值的利器。作为一家招聘网站，它竟然是有"粉丝"的，而且发展一年多，就已经有超过两万家企业在拉勾网上提供了超过 10 万个工作岗位，每天有 1 万多人在拉勾网上找工作。这种流量对于一家做垂直领域招聘的网站来说算是非常可观的，而且它的线下流量也着实不可小看，每场线下开放日都会有上千人参与。

拉勾网背后的 3W 咖啡自然也是扶持它走向高估值的一大助力，特别是它背后还有互联网和投资圈大佬作为股东。

拉勾网的团队完全出身于互联网领域，这种组合最贴近互联网创业需求，并且团队的气氛十分活跃，甚至有点疯狂。这一点也正是投资人在衡量一家创业公司时最看重的一点。因为对于创业公司来说，人在其中所起的作用要大于发展成熟的大公司中人的作用。

许单单对自己的团队很有信心。他记得有一天自己很早就来到拉勾网的办公室，原本以为自己是第一个到的，没想到同事老杨早就在电脑前忙开了。一问才知道，老杨不是来得早，而是昨天晚上压根儿没有回去，在沙发上对付了一宿之后一早又接着干活了。

许单单经常碰到这样的事，也依然记得拉勾网的初创团队是如何在废墟一样的办公地点里撑过去，并做出一个优秀产品来的。许单单在后来说有很多人把拉勾网的发展速度神话化了——"拉勾网其实不是一个创业公司，它是有基础的"。虽然他没有把拉勾网定义为一个从 0 到 1 的创业公司，但在启动拉勾的那段日子里，发生在昊海楼（拉勾网办公地址）的事情正是整个互联网创业人群工作状态的生动缩影。

当时，他们在微博上招募了开发团队。有意思的是，从这里招来的人往往让人有很大的惊喜，比如一个文弱的女孩看上去普普通通，许单单并不觉得她和产品经理这 4 个字有什么联系，但事实上女孩用实力证明了自己。最后，包括这个不太像产品经理的女孩在内，他们通过微博找到了一个产品经理、一个运营人员、两个技术人员。

加上马德龙，这个人数不多的团队以初生牛犊不怕虎的干劲开始工作。办公室墙上那份朝九晚五的工作时间表是没有人遵守的，朝九晚九才是真实的工作时间。而且别人工作5天，他们工作6天，一人干两个人的活。

不拼怎么办？不拼就是死。**在互联网时代，任何一个新项目除了拼质量以外，还要拼速度，落后一天，可能就是生与死的差别**。那时候，中关村的3W咖啡馆新店还在装修，没有开张，拉勾团队根本没有正式的办公场地。于是他们选了三楼的一个小角落先安顿下来，摆几台电脑，扯几根网线，就在如同废墟一样的地方开始工作了。

马德龙一直都记得团队里有几个被当作男人一样使唤的"女汉子"。他说，在她们身上你看不到软弱，她们忍受着连他这个大男人都觉得是个灾难的办公环境，一忙起来简直不分白天黑夜。那时候大家喝的水要从窗户往上吊，而且所有人都不敢多喝水，因为办公的地方根本没有洗手间。

很多互联网创业团队都是这样过来的，最传奇的团队和公司也往往是在最艰苦的条件下成长起来的，比如苹果的乔布斯、亚马逊的贝佐斯，他们都是在车库里创业的。不过那时候，对于许单单来说最困难的或许不是环境，而是他要给跟随他的人造一个梦，他要激励这些人，让他们跟着自己在这样的地方待下去，并且让他们相信一切都会好起来。

原本，他以为这是一个CEO要求团队为他的梦想做出巨大的牺牲，过了很久他才发现，他的梦想也是所有人的梦想，跟随他的人也都是被自己的梦想驱动——不甘平庸，想做出点成就来。所以，那段时间里没有人离开，大家都像满月弓一样紧绷着弦。所有人都很清楚，只有一次机会，必须一击即中。

那个时候，整个团队培养了一种自我驱动力。虽然当时团队成员没有注意到自己身上的这种特质，但是在后来它成了拉勾网甚至整个3W集团成长的动力。这是团结得十分紧密的一群人，徐小平曾经说他在投资时最看重的就是创业的团队，一个好的团队可以打一场硬战。

领英的创始人里德在创业时也遇到过同样的情况。他在一本半自传性质的书中曾描写过那时候他们的状态：

在大概半年的时间里，里德和所有团队成员一样都是每周7天连续工作。每天早上8点，大家都准时出现在办公室里，开足了马力一直工作到晚上10点。那个时候里德面临的问题非常严重，他们要找出解决的办法并且做出产品。那段时间每个人的脑子里都有一个想法："如果我没办法成功，就得滚蛋。"6个月后，这个团队找出了解决的方案。

许单单他们面对的问题和里德的几乎相同，幸运的是，他的团队和里德的团队一样团结，每个人都得到了宝贵的成长经历。后来许单单把这种精神归结为一种"朴素的野心"。

这种野心让所有人都专注于眼前的事，团队也因此变得十分简单。简单到什么程度呢？简单到除了和团队发展有关的事情之外，其他的事都不去做更深的考虑。鲍艾乐就是一个典型。这个直来直往的白羊座姑娘曾经做过一件至今都在3W咖啡馆里被人津津乐道的"傻事"。

那时候鲍艾乐已经是3W咖啡的首席营销官（CMO）了。有一次她为拉勾网招人时找到一个很不错的人才，于是发出邀请，希望他能来3W咖啡馆聊一聊，大家一起吃个饭。

对方听说3W咖啡的CMO要请自己吃饭，头一天晚上就饿着肚子等着吃这顿饭。这种说法也许有点夸张，但从中可以看出他对这顿饭的期待程度。没想到第二天他和鲍艾乐聊到中午时，这位大名鼎鼎的CMO说："到饭点了，我请你吃饭吧。牛肉面怎么样？"

是的，她就请这位重要的人才吃了一顿面。

这位仁兄当时觉得不可思议，但后来他就是因为这碗面才加入3W咖啡。他觉得，一个创始团队可以如此简单，除了事业的野心对其他不做更多的考虑，十分难得。这种简单决定了3W咖啡团队可以迅速进步。

这是一个很疯狂也很简单的地方。每个人都在自我监督下专注、热诚、简单地工作着。不过对于管理者许单单来说，他遇到的问题并不简单。当3W咖啡从一家咖啡馆变成一个集团，从一个只有十几个员工的公司变成有几百个员工的集团时，他开始头疼3W的管理，他的时间完全不够用。

许单单是一个很愿意听取他人意见的人，于是他去问股东。他们都是顶级公司的管理者，管理经验自然比他丰富。结果股东们说："你别总出现在员工面前，你是在他们面前刷存在感吗？你要放手让你的CEO去做，要不然他永远都无法成为一个真正的、好的CEO。"

许单单这才明白，自己有点"越界"了。关于这一点，一位创业大佬也给许单单提过建议，他说："小公司，只有几个人的时候你必须事事亲力亲为。公司大了以后，你必须重点关注如何把对的人招到公司里来。

公司再变大成为巨头的时候，你就只能转为'啦啦队'，或者做精神领袖了。否则，你会非常忙而且会把事情都搞乱。比如你是一个管理着1000多人的副总裁，如果你每天不是去盯着工程师的活，就是去教设计师如何做事，那么中间的人就会无所适从，你再能干也只能被开除。所以要学会授权，学会找到对的人来做对的事。"

道理很简单，但做起来并不容易。许单单一直是亲手带领自己的公司发展壮大，总觉得公司像孩子一样，很难撒手不管，公司大了的时候自然就很难放下过去的管理习惯。

为了转变这种管理习惯，许单单有一段时间特意跑到山里辟谷去了，不开手机，也不管山下的事。过了一阵回到公司之后，他发现其实公司没了他一样可以正常运转，团队成员们处理各项事务也得心应手。

的确，管理者要做的就是协调和信任，把那些不完美的人协调在一起，变成一个完美的团队。许单单自己和鲍艾乐、马德龙结合在一起，就是将不完美的个人协调成了一个完美的创业团队。

许单单是一个协调者。他沉着自信，分析事情客观，对各种意见兼容并包。最重要的是他有十分明确的目标和方向，知道决策的轻重缓急。这是许单单的强项，毕竟是互联网分析师出身，一直从事战略研究方面的工作，现在依然专注于此。

马德龙在团队中属于执行者。他务实可靠，实践经验丰富，工作勤奋，有自我约束力。他可以把谈话与建议转换为实际措施，思考什么建议是可行的，并且能整理建议，使之与已经制订出来的计划相配合。

风风火火的鲍艾乐就属于鞭策者。用许单单的话说，她"拉着两个大男人往前冲",有干劲,思维敏捷,是个主动探索的人。虽然有时会冲动,有时会急躁,但是她有办法让团队的任务和目标成形,并强力地朝向目标行动。

团队中这3个人互补着走到了今天,他们为3W咖啡和拉勾网找来了更多可靠的人。随着团队的扩大,他们意识到需要找到一种东西把这些人凝聚在一起。原来人少的时候沟通可以靠喊,最基层的员工可以和CEO每天对话,无缝沟通。但是人多了,有中间的管理层出现,隔阂也就出现了,这个时候就需要企业文化让大家的心凝聚在一起。

2014年,许单单把这一年总结为"野心时代"。许单单知道这是让拉勾网所有人团结在一起的关键词。拉勾网的每一个人都是有野心的人,所以他们才会有长远的未来,才会一起奋斗。

最后,用许单单的话来总结:"这是一个最好的时代,所有人都在创业,有这么多的VC在支持创业,所有的年轻人都可以有自己的想法。互联网又是一个这样高速成长的容纳各种可能性的行业,所以这是每一个人的野心时代。这是我对野心时代的阐释。"

议事法:创业团队的心灵契约

"一定要教会年轻人遵守规则",东方弘道的王伟很关心这事。

就商业角度讲,对企业所面临的各种问题决策,大到团体、小到个人都必须有参与感,也必须遵守原定的议事规则。议事规则,关乎一个企业对于未来发展走向的选择是否正确,更是一个企业成功必不可少的"行业准则"。

美国是个崇尚自由的国家，但是对于开会有着极其认真和严肃的态度。他们的会议很少，但是规矩很多。美国国会的开会规矩，写成了一本厚厚的书——《罗伯特议事规则》。

中国推动者计划发布的《2011中国城市人群罗伯特议事规则意识调查报告》显示，中国只有7%的人知道《罗伯特议事规则》，且大多表示只是听说过，对于具体内容并不了解。同时，调查人群中有高达94%的受访者认为中国有推广议事规则的必要。

许单单作为3W集团的董事长，对于公司决策问题采取的第一原则是"拍板机制"。创始人之间存在分歧时，会在一周内召开一次一小时以上的会议进行沟通交流。如果分歧不能统一，则一周后再次开会沟通。这样的会议举行3次如果还是不能达成一致意见，许单单就会拍板做出最后决策。

这种议事方式的确定源于帕金森琐碎定理（Parkinson's Law of Triviality）的启示。

老奶奶想给小孙女寄一张贺卡，用去了将近5个小时的时间，使她疲惫不堪：买贺卡与选择贺卡花费两个小时，找孙女地址、写祝福话语用去两个小时，寄送贺卡一个小时。而把这件事交给手脚麻利的人去做，只要5分钟就可以完成。这就是帕金森琐碎定理。

帕金森琐碎定理的观点是，工作会自动占满一个人所有可用的时间。其潜台词就是，充裕的工作时间会导致工作复杂化，以此拉长工作的时间。从老奶奶寄贺卡的事例中可以看出，在弹性较大的时间条件下工作，会使人身心疲惫，影响工作效率与质量。

帕金森琐碎定理出现在企业中，很可能会造成功能重叠、机构臃肿等不良后果。"雇员的数量和实际工作量之间根本不存在任何联系"是对帕金森琐碎定理最为著名的阐述。它很好地证明了"工作效率"来自于明确、紧凑、快速的工作要求与目标，也就是议事团队下达议事结果应当快速。

企业如果花费大量时间去讨论意义不大的琐事，就很难在未来发展中与同行业的对手较量。快速解决选择性问题，提高议事效率，会防止旧问题衍生新问题，使企业的目光能够迅速聚焦于问题本质，获得较高的工作效率。

人们对于微软的印象，永远都是"不错"的，却不是"伟大"的。这就折射出分散精力造成产品方向无法聚焦，登顶进程缓慢且极难达成的企业问题。

帕金森琐碎定理要求企业做到快速决策。对于创业企业，这一点更是重要。

创业企业中，群体性会议议题通过的可能性非常高。其原因有两个：首先是出于忠于团队的想法而不愿提出负面意见，其次便是对议题没有想法而盲目赞成。这两种心理在群体性会议中十分普遍，会造成团队对于议题的盲目乐观，从而错失更为正确的选择。

斯坦福大学史蒂夫·布兰克（Steve Blank）教授表示："创业企业的本质是一个不断摸索的团体，他们在找寻可持续发展壮大的商业模式。"创业企业属于不成熟的商业机构，对于运营模式不是十分了解，而制定正确的发展方向，需要客观、理性的领导决策。《罗伯特议事规则》在此就会起到强大作用。

《罗伯特议事规则》将会议拆分为6个阶段：

第一，动议阶段。

动议，顾名思义就是行动的建议。也就是会议开始阶段，是议题陈述的时间。企业的决策应当是理性而客观的，但这一点很难做到。所以在动议阶段，需要注意的就是会议权利的平衡，也就是对于整体权利的保护。这时会议成员拥有绝对的意志自由，可以各抒己见。由此将个人观点提升为集体观点，规避"个人主义"。

第二，附议阶段。

附议，是保护少数人声音的阶段。一旦出现附议，哪怕只有一个人，会议也应当将其意见纳入议论范畴。不管议题通过名额是否达到，都要让此人陈述其观点。前提就是，附议者有能力将自身观点清晰表达，且要符合议题的要求。

第三，陈述议题。

陈述议题，是解决当下紧要议题的时候，旨在避免跑题或者"另一个小问题"出现。一个议题可能会"节外生枝"出许多问题，完美主义强迫症会导致"鱼与熊掌"的争执无休无止。这时就需要针对议题给出紧急解决方案，快速开始下一议题。

第四，辩论阶段。

辩论阶段也就是通俗意义上的分歧沟通时刻。一件事情传达给人的图像记忆很有真实性，却也有很大的欺骗性。每个与会人员的经历都不尽相同，对于议题的看法自然也不同。大家持有不同看法产生争议的时候就需要辩论。在这个过程中需要避免几点：首先需要各自向主持人表述各自观点，不可正面争执。其次不可发生人身攻击现象。再者必须保持完整发言，不得中途打断他人言论。

第五，表决阶段。

与会人员沟通交流过议题之后，需要做出表决。这一阶段首先要注意的就是避免领导独断，用集体的意见制约领袖的权利。其次在与会人员做出表决后，需采取少数服从多数的原则。如出现两方观点持平，则由事先设立的拍板人做出最终决策。

第六，宣布结果阶段。

会议的议题得出最终结果后，由主持人宣布结果。结果一旦宣布，则从此以后该议题不可再议，更不可带入下一次的会议。

《罗伯特议事规则》在很大程度上给创业团体提供了准确的议事指南。尽管书中存在很多相对刻板的原则，但更多的是体现出这样的精神——公平、分享、碰撞、尊重，要求企业在具体执行中做出相应的改变。

除了拍板问题，3W集团作为创业企业，在不断地引入投资、不断有股东加入的时候，也很容易产生利益分配方面的问题。许单单对此十分明白，也因此确立了3W集团议事的第二原则——尊重历史。

3W咖啡馆创立初期，有176位股东鼎力支持。许单单深刻明白这些人对于3W的重要性。另外，许单单是个懂得感恩的人，3W咖啡成立董事会，就是为了让所有股东监督他对企业的运作。拉勾网经过天使轮融资后，3W咖啡馆也占有15%的股份。

"比如利益规则。今天小的时候，股份不值钱，未来大了，就不患寡而患不均，要扯皮。我们最早就制定出利益机制，几个人完全捆绑，完全合为一体。许单单有，你就有；你有的，许单单就有。这样就不会猜疑，不会说我干的这摊事估值高，你那摊估值小。"

许单单尊重历史的议事原则，与俞敏洪的合作模式有相似之处。作为新东方的董事长，俞敏洪每年会将申请来的期权，发给业绩突出的员工，并设立增发机制，为后续人员的努力留下发展空间。

俞敏洪曾表示："合伙人之间会形成一个封闭的系统，会把其他有才能的人排除掉，或是先把利益占了，其他人进来没有利益可分。所以合伙还需要一个机制：先让大家分好股份，紧接着设置一个对干得最多的人增发的机制，也就是要留一个发展空间……设立一套机制，既可以合伙不散，也可以让内部能干的人在公司慢慢地、不断地增加权利，这样就有一个比较稳定的机构。比如其中一个人从40%稀释到了20%，是因为他除了投钱什么都没干；而另一个从10%被增发到30%多，因为他作为CEO贡献很大。"

不管是合伙制企业还是创业企业，股权激励机制实行起来都有很大难度。这套机制要在保持合伙人团队完整的同时能够增加内部工作人员的权利，并顾及新加入成员的利益。没有一整套完整的机制，很难将企业打造为一个十分稳定的机构。

守天条：领军人随时更新自己的"操作系统"

有一次，许单单走进公司时发现没有位子了，于是就在前台工作。有些新员工不认识他，后来才知道坐在那里埋头工作的竟然是公司的董事长。事后，许单单细想这件事忽然意识到：3W不再是小创业公司了，自己也不是随便一家小公司里不起眼的"小头目"了。最起码，别人眼里的3W已经不只是那样了。

Part3 再上路，折腾不止

父母看孩子，永远都是个"小娃娃"，哪怕个头高过了父母，也免不了让人操心。而3W现下俨然一个青春期少年，正处在疯长的状态。所以，许单单不会有清闲的时候。

3W咖啡馆从一家小创业公司起步，短短3年就已形成六七百人的企业。许单单创业以来就没有多少休息时间，纵使如此，他还是感觉自己的时间严重不够用。面对3W集团的扩大，许单单感觉自己已经处在天花板的位置。

互联网时代，市场瞬息万变。苹果公司颠覆了发展几十年的计算机行业，成为全世界最受追捧的品牌之一，正是源于乔布斯对时代发展速度的认知与前瞻。2000年，专家推测计算机的核心地位会发生改变。乔布斯随即意识到，计算机将成为数字中枢。之后，苹果公司以此为起点，开始打造新产品线。互联网时代的认知，就像功夫巨星李小龙说的："知识有一个源泉，它来自积累，源自结论，而'认知'是动态的。"

"微信之父"张小龙曾说："产品是演化出来的，我们不可能知道半年后的产品形态，规划是骗人的。"企业规划今天可能是对的，但明天就可能成为浮云，只能当作预期效应来看待，并不能当成最终结果。难怪扎尔伯格也说："产品永远没有完成的一天。"产品会随着时间推移而更新，也可能由于时代变革而被取代。产品的生产应当是一个持续的过程，它的周期随着时间不断在变化。

人工时代，一件衣服需要一个家庭主妇挑灯夜战几个晚上才能做好；当下，一个晚上，以中型服装操作车间为单位，可以生产出几万件成品。

《创新者的窘境》一书中提到两条规律：

第一，技术进步的步伐一定会超过市场需求的速度。

第二，一旦产品的产能过剩，产品的生命周期将发生变化。

互联网快速席卷全世界，不断改变我们的生活方式。互联网的变化呈现"指数增长"的态势，产品的生命周期日渐"趋零化"，正如庄子的《齐物论》所说的"方生方死，方死方生"。一款产品完成就意味着走向死亡，只有快速更新，才能赶上时代的步伐。

许单单、马德龙、鲍艾乐都不笨，然而，3W集团的快速生长让他们感到有些力不从心。许单单坦言，就目前状态而言，经营的压力主要来自于管理能力的提升速度不够快，自身的思维模式需要快速更新才能跟上企业发展的速度。

3W咖啡馆创业初期，许单单时刻关注公司的每一笔花销，甚至细到公司的餐点。发展到今天，他发现这样的管理模式太过狭隘。他说："你如果再这样，就没人跟你玩儿了。"管理类似于计算机的操作系统，对于此时的3W来说，他们的系统该升级了。想要突破自身，首先需要战胜的最强大敌人就是自己。

一次，许单单去一位股东的办公室。当被问及最近在忙什么的时候，许单单回答自己在和马德龙一起看拉勾网的产品，协助他开会。股东听后说："中国人有很多天生的缺点，在你身上得到了完美的体现。"

许单单很诧异！

"你是拉勾网的董事长，又不是CEO，但是你每天都在拉勾网和马德龙开会，你是在刷你的存在感吗？你如果觉得马德龙做的很多事情都不够，每件事情都替他做，那他永远都不会成为你希望他成为的那个

CEO。你必须给他空间，容许他犯错，你必须回归到董事长的位置，不要去干CEO的活。"股东说。

这番话提醒了许单单。他是3W集团的董事长，却花费大量时间去充当马德龙的助理。他原本以为凡事亲力亲为是一种很好的管理模式，而股东的一席话使他意识到，自己以为做了一件"好事"，结果不但影响了马德龙的成长，也耽误了自己原本该做的工作，实际上是一件"错事"。

其实，许单单是个简单的人，很多时候觉得好了就干，就像他对于生活和事业都没有什么要求。一条牛仔裤，许单单穿到破洞也不扔掉，自己拿了宾馆的针线包，随便扯了一块布补上接着穿。许单单还打趣说："公司里的人都已经恨死我那条裤子了。"

他想成为一个行业的专家，所以埋头于自己的工作，来不及前瞻。很多时候反而更容易陷入思维局限，拆不掉横亘在脑中的那堵墙。

"失去创新的法宝，昔日的风光终究还是明日黄花"，美国财经作家劳埃德·谢夫斯凯（Lloyd Shefsky）这样认为。他说："那是因为在你埋头创业的过程中，一再创新的需求并非总是显见地摆在你眼前。现实中，这种需求很少是有目共睹的。如果你留意，它可能就在你要逃出的那个牢笼里，写在束缚自己思想的牢笼墙壁上。"

刺激企业持续成长的因素有很多，谢夫斯凯总结为4点：绝望的境地、必要性、机遇、沉迷。对于许单单来说，"天花板"让他感觉有些"绝望"，股东的指点迷津算作是一个"机遇"的话，那么自己的"操作系统"更新势在必行。

德鲁克在《卓有成效的管理者》一书中提到，想要成为卓有成效的管理者，至少需要5种训练：

第一，卓有成效的管理者应该知道如何分配时间，他们善于通过对时间的掌控实现有条理的工作；第二，卓有成效的管理者往往专注于贡献；第三，卓有成效的管理者会使自己的长处得到充分发挥；第四，卓有成效的管理者会锁定少数几个领域，并在这些领域中，用优异的表现带来卓越的成效；第五，卓有成效的管理者会做出最有效的决策。

归根到底，领军人或者董事长，要干的事情是做选择，他必须有一个严谨的逻辑头脑。企业是一台处在变化环境中高速运转的机器，任何一个部件出现问题都需要立即解决。卓越的领军人专注于外在的贡献，他们不在乎实际的个人行为，而是想着怎么去不断更新"系统"，从而更好地带着企业飞奔。

维护人：99% 的时间都在关注

许单单在创业之前是一名互联网分析师，工作较为独立。当下，作为 3W 集团的董事长，他感觉十分"不爽"，因为他不适应自己的工作，也就是"管人"。3W 集团旗下有 5 家公司时，共有几百名员工，管理工作繁重，用许单单的话说就是"每天都有这么多破事"。

许单单平时话很少，工作起来几乎不说话。他喜欢沉浸在自己的世界里，研究自己所钟爱的产品。而作为 3W 的董事长，他原本爱干的工作已经被手下的专业团队包揽。骤然间，他需要从一个工作者变成一个工作管理者。管理工作十分琐碎，需要花费大量时间沟通，不断地交流。许单单对此有些"抓狂"。他曾表示，这些事"实在很烦"。

做个分析师挺好，只需要静观市场上的公司动态就好。遇到问题，分析问题，解决问题，按部就班地处理，完全没有现在这些"负担"。但反过来一想，眼下的负担不就是问题吗？无可逃避的"管理痛苦"，难道自己就不能将它看作一个问题，去分析它，解决它吗？

一个简单的想法，让一切都通透了。

一个领导者，一旦愿意面对和承担企业中千头万绪的问题，就说明他已经真正开始成长，并走向成熟。"想通"之后，许单单开始学习将管理作为杠杆，和团队一起去实现目标，每天忙着开会、与员工沟通交流。他开始适应自己作为3W董事长的身份。

有一次，许单单去了大理，朋友打趣说他挺有情趣。其实，许单单此次大理之行，是为了挽留一名员工。这名员工想要离职，许单单舍不得他的才华，于是将员工"请"到大理去休假，并将朋友的别墅借来作为住所，两个人坐在别墅里一对一地聊天。其中自然少不了像这样的话题：对当下工作是否满意？公司哪些地方让你感觉不舒服？具体到部门和个人，存在什么问题？什么原因导致的？公司哪些方面欠缺完善，因此错失了哪些发展机会？如果你是领导者，会做出怎样的改观？

在许单单看来，这是诚意。

法国管理界有句名言："爱你的员工吧！他会百倍地爱你的。"《日本工业的秘密》一书中，作者在总结日本团队高效率的原因时也指出："日本的团队就像一个大家庭，甚至是一个娱乐场所。"

为什么管理者的关爱会起到这么大的作用？因为人不仅仅是为了物质利益生活，每个人都有精神需求，有互相交流感情的需要。精神激励是从员工的精神需要出发，通过关心、尊重、信任、树立目标等手段去满足员工各种精神上的需求，同时也赢得员工的尊重。

3W集团有一位很低调的股东,他叫杨向阳,很多人都称呼他"大哥"。一次,许单单与他聊天,当问及他为何能够得到业内诸多大佬的尊敬时,杨向阳说了这样一席话:

"过去几十年,我做事都有个理念,只考虑事情本身,不把自己考虑进去。比如我一直在支持3W咖啡,但你们要融资时,我为什么不直接投资,而推荐其他朋友来投?若我来投,就有商业利益挂钩,以后就不好找朋友帮忙,这其实就损害了咖啡馆的利益。**我能提供的最大的帮助,就是作为杠杆去推动**。我帮你的最好方法就是不挣钱。"这一小段话让许单单很受触动。

真诚,其实就来自于人与人心灵的靠近。想要表达真诚,最重要的就是懂得站在别人的位置上,用他的思维模式去为他考虑。

许单单在处理离职员工的事情时,抛却自身领导者的位置,站在员工的角度上与他交流沟通,最后,让员工自己选择去留。这样的方式,自然比较容易让员工敞开心扉,接受许单单的意见,重新考虑是否离职。

人是情感动物,感情因素往往影响到人才对公司的印象,影响到人才的忠诚度。因此,对员工实施无微不至的关爱,就像长辈对待自己的孩子一样,悉心照料、精心培育,受惠的人才会奉献自己的忠诚与才能作为回报。具体来说,关爱员工可以从以下几个方面入手:

第一,要关心核心人才的健康状况。互联网行业从业人员工作压力大,核心人才更是缺乏应有的锻炼和娱乐,长此以往,其健康状况会受到威胁。互联网公司连续发生核心员工英年早逝的现象就说明了这个问题。在这方面,团队的领导者可以向IBM、宝洁公司学习,它们不仅每年安排员工体检，而且每年都会组织1至2次度假，对核心人才的健康状况十分关心。

第二，要关心员工的家庭生活状况，尽力帮助他们实现工作和家庭的平衡。3M公司在这方面就做得非常成功。为了方便员工处理一些生活事务，公司将一部分场所租给了银行、洗衣店、汽修公司、旅游公司等服务性企业。这样，公司员工就可以很方便地干完"私事"，从而有更多的时间、更充足的精力从事工作。3M公司还邀请员工家庭成员参加高层员工的培训，向他们解释这些员工工作的艰辛，并希望得到他们的理解和支持。这些措施促进了核心人才个人乃至其家庭的忠诚。

第三，要主动给员工减压。理解员工的心理压力，是团队领导者工作中很重要的一部分。例如对他们说："其实你很不错，只是你自己没有发觉，你以前曾做过某某事，那时你的表现真是太好了。"或者说："'吃一堑，长一智'嘛，何必愁眉苦脸的？来，加油，我相信你能行的！"

第四，要让对目标本身或目标执行不如意的下属发泄心中的不满。员工的苦衷，也就包含了对团队、对团队领导者的不满及怨恨，这时领导者不妨做一位倾听者，让员工们把心中的不平与不满发泄出来。

如果你能够耐心地将员工的话听完，员工紧绷的心弦就会渐渐舒展开来，而且心中会如此认为：既然你能够把我的话听完，我也愿意听听你的看法。这时，领导者乘机引导，员工的不满情绪就会轻松消除，领导者也得到了员工的忠心。

第五，要帮助员工恢复自信。由于某种原因，员工不能把事情办好，心里必然产生挫折感。这时，领导者应设法恢复他的自信心，多给予鼓励和称赞，用心去挖掘他们不易被人觉察的长处。

第二章
参与一个令人激动的未来

📶 小公司如何挑战大巨头

工业时代的市场是"二元市场",市场是属于第一名和第二名的,第三名没有机会,就像百事可乐和可口可乐占据了软饮料市场的绝大多数份额一样。互联网时代的市场是"一元市场",第一名压倒了一切,就像众多社交软件在腾讯的阴影下艰难求生。这是一个马太效应愈发明显的时代,资源多的越来越多,少的越来越少,但是依然有人在巨头的阴影下活得很滋润:脉脉得到了腾讯无暇顾及的陌生人社交;好未来只做数学教育跟新东方有了差别;唯品会做电商,不做天猫大而全的模式,只做女性用户,只做正品折扣,变成了线上的奥特莱斯。

这些企业的存在证明，巨头并不是无敌的，它的所有资源需要面对全部的用户。对于细分的小市场，巨头做起来肯定有竞争力，但是它们的精力不在这里，这就给了小公司机会。

说到底，还是针对细分领域找对用户，集中优势兵力打出特色。

首先是选对自己的用户。比如面对淘宝，蘑菇街挑中了淘宝用户中的女性用户，将自己定位为时尚购物；京东则选择了淘宝用户中购买电子产品的用户，然后将自己定位为"100%正品行货电子产品电商"。对于淘宝来说，它面对的是所有上网购物的网民，就不会说自己是"女性用户电商"，也不会将精力仅仅集中在电子产品这项业务，这就是选对用户。拉勾网做互联网行业的招聘也并不是颠覆智联等行业大佬确立的模式，而是将焦点聚集在互联网从业者。

除了拉勾网以外，在互联网招聘市场上，已经有许多新兴的网站依靠自己的独特服务，挑战着行业巨头智联招聘和前程无忧。比如猎聘网主打猎头业务，定位中高端人才市场。以领英为代表的商务社交网站虽然现在看起来并没有太大的动作，但它们并非没有未来。因为它们的社交属性所产生的用户黏性同样不可低估。如大街网就偏重于熟人推荐，这更符合中国本土的特点，也许未来大有机会。

58同城和赶集正好和猎聘相反，走的是低端人才招聘。随着国内互联网的发展、移动互联网的普及，会有越来越多的中低收入者接触网络，他们将成为新的人口红利的来源。

另外，有人分析在线教育公司会成为招聘大佬的一个潜在对手。因为随着在线教育机构的不断成熟，企业有可能直接与它们合作"定制"人才。

由上述分析可知，从细分领域切入是小公司摆脱巨头阴影的一个主要方式。但是，当所有人都进入细分领域的时候，又该怎么办？拉勾网为此推出了一个产品叫"一拍"。这个产品推出的目的在于巩固自己在互联网细分领域的先行优势。

一拍将拉勾网现有的用户进行了二次细分：将高端技术群体单独分离出来进行服务。使用一拍的用户可以在上面"秀"出自己，然后由企业来竞拍，用户挑选其中一家进行面试。高端技术人才通常更加自信，也需要更多的尊重感，因此拉勾网通过一拍为他们提供一对一的定制服务，以满足他们的"虚荣心"。

一拍的推出符合细分市场竞争的产品逻辑。原本就不是很大的领域里，为了不被更多对手将有限流量分走，就必须更快速地先一步占领更加细分的领域。推出一拍，即在原来的服务上叠加产品，提高了拉勾网的流量利用率，其实就是利用拉勾网现有的流量优势多做品类，先行获取用户好感度。

不过还是要强调，用户群可以精细划分，但不可过度，而且这些用户需要被有效地聚集起来。另外，许单单选择互联网领域作为垂直的入口，主要是基于两个因素：

首先，互联网领域的自身特点决定了拉勾网的客户定位。一是频率。互联网从业人员的流动性并不低，平均一年半跳槽一次。而且这个行业的新公司出现的频率很高，对人才的需求量也很高。相比较而言，其他传统行业中，人员的流动性很小，在一定时期内也很难有好的新公司出现。二是依赖度。互联网人对网络的依赖度比其他任何一个行业都要高，所以他们往往是第一批使用在线招聘的人。

用李善友教授的话来总结,对于新创立的公司而言,选择新产品及新技术,所匹配的新兴市场就是增长的福地。

其次,工业时代强调生产效率要比对手高,产品技术要比对手先进,对手进步了就要比对手更进一步。这对于互联网时代的小公司而言简直太难了。巨头在技术方面的持续性投入就像《圣经》中提到的巨人哥利亚一样强大,体量小的小公司无法抗衡,因此只能走另外的路。

在传说中,巨人哥利亚最后是被牧羊少年大卫打败的。大卫扔出投石,一下子命中巨人的头部,把他打得晕头转向,最后大卫乘机上前割下了巨人的头。这说明,在竞争中,小公司可以集中优势,打出特色,不和巨人比体量,要比特色,做到人优我特。不要求在原有产品的技术细节上做出多大的创新性突破,而是将它不断完善,让产品和服务的逻辑更适应自己用户的需求。

比如捷步(Zappos)在与亚马逊PK时,不打配送牌,而主打人性化:用户在网站上订购中意的款式时,可以免费得到捷步提供的同款鞋的不同尺码,共计5双。用户在收到5双鞋并试穿后,留下合适的,不合脚的可以退回。这种一来一回的效率对于亚马逊来说不可以接受,但是对于捷步来说,这种以牺牲效率为代价营造的极致的人性化体验正是它与亚马逊竞争的核心。拉勾网在进入招聘领域后不和传统的招聘网站比较大而全,因为毕竟对方是积累了十几年的行业巨人,和它们拼体量只会暴露自己的不足。而进一步细分用户群,专注于互联网领域招聘,使得拉勾网在整个核心逻辑上打得对方措手不及。

在马德龙看来,招聘的本质其实还是交易:求职者和招聘企业之间进行买卖,是一个双向选择的过程。既然是交易,就要求买卖双方的信息公开透明。企业要让求职者知道自身的实力，求职者也要全面展现自己的才能。此时，交易双方的中介——互联网招聘网站实际上是信息的中介，需要保障双方在这场交易中的信用程度、信息透明度，从而维护自身作为信息中介的信誉。这样才能够保证平台的可持续发展。

招聘的另一个核心逻辑是服务。对于互联网时代的求职者来说，他们想要的是资讯的极大满足，需要平台帮助他们从浩如烟海的公司信息中提取出有效且有益的信息，比如行业分析资料、公司前景及运营状况等。能够满足上述用户需求的服务才是专业且精准的。

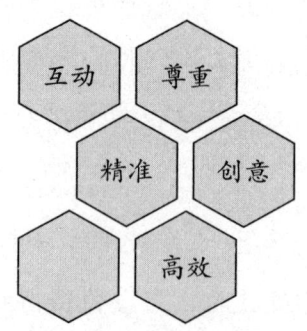

求职者对招聘网站的期待

求职者对招聘网站的期待

但是，正如马德龙所说，目前全行业招聘网站都没能做到上述要求，都没能很好地遵循招聘的两项核心逻辑。他们把招聘网站做成了一个广告平台，大大小小的广告位置占据了网站的主要界面，而且网站的收入绝大部分也来自这些广告位置的买卖。这样一来，别说是服务，就是用户对于招聘网站最简单的预期都没有满足——招聘企业的信息到底在哪里？得花多少功夫才能找到？

这些网站几乎无法提供深度的企业资讯。在招聘的整个流程上，平台卡住了大大小小的关键节点，并在这些节点上设置了门槛，导致招聘的双方都非常痛苦。更别提网站要求求职者填写的各种复杂表格，让人体验极差。

归根结底，传统招聘网站的做法实际上阻碍了求职者和用人公司之间的信息交流和资讯平等，违背了互联网信息自由流动的原则。而拉勾网所做的一切，正是让双方的信息在拉勾网这个平台上自由流动起来，让供求双方的信息充分展示。拉勾网不会主动找企业做销售，而是根据企业招聘的结果，从成功招聘的企业中抽取佣金。拉勾网在每一步的体验上都优于传统的招聘网站，有什么理由不成功呢？

这正是拉勾网的突围方式，体验好了，自然有口碑传播。当拉勾网通过人性化的服务在互联网求职人群中形成"互联网领域找工作上拉勾不错"的概念时，品牌效应便水到渠成，原本在传统招聘网站上"受苦"的互联网求职者们，也就会慢慢地转移到拉勾网上来。

许单单在总结拉勾网的经验时说，拉勾网用户有将近1/4是朋友推荐来的，这说明口碑有很大的作用。口碑来自哪儿呢？许单单通过询问那些被推荐过来的用户得出了答案："他们一般只有一个词，就是拉勾网的'效果很好'。我们自己琢磨，这其实就是说产品体验好。因为互联网行业的用户对产品体验这个事情足够挑剔，对产品的'不好用'容忍度是极其低的，不好用他们就会骂你。"

想得更深入一些，拉勾网做的是招聘，却没有让"招聘"二字束缚自己，而重在营造一种年轻化的互联网亚文化的氛围，连接了招聘、应聘双方的需求。这才是真正的招聘产品，或者说是平台型产品应该有的形态——

信息透明，和自己的用户对话、互动，甚至让用户觉得好玩。有投资人甚至认为，拉勾网在今后完全可以把自己变成一个社区，成为个人职业规划、成长的助力平台。

找准对方的薄弱环节，单点突破，这就是小公司PK大巨头的套路。 当然，小公司要想成功挑战巨头，光靠产品不行，在做大自己的同时还要靠"内功"做强自己，这其中的关键就在于管理。所有优秀公司真正不可超越的地方在于管理，因为管理的精髓是价值观，一般人无法轻易模仿。

小公司怎么做管理？可以用"倒逼"的方式：比如让用户来倒逼管理，这是小公司的优势，因为相对于大公司而言，小公司离用户更近一些；比如用员工来倒逼上司，促使管理实现公开、透明、公正。

做强比做大更重要，敢把自己逼疯的企业才能活到最后。

小而美时代，垂直是未来

1997年，是中国的Web 1.0时代，互联网发展热潮刚刚掀起。那时候BAT还未见雏形，真正打开中国互联网企业发展序幕的是一家招聘公司——智联招聘。它是中国第一家通过互联网做猎头服务的公司，因此那一年被称作中国互联网招聘元年。

智联抢先进入中国，利用先发优势在人口基数庞大的中国得到了大量红利。随后，竞争者中华英才网、前程无忧相继出现。经过几年的厮杀，3家公司成为中国互联网招聘的三巨头。10年过去了，中国互联网招聘的市场格局一直没有变化，没有哪家公司能成为颠覆者，即便2008年美国老牌互联网招聘公司环球巨兽收购了中华英才网，也只不过是将市场格局由"三足鼎立"变成了"两虎相争"。直到2014年，由一场上市引出的数据才让人们惊觉：搅局者已经出现。

2014年智联招聘在美国上市，当时估值8.44亿美元。这次上市并没有让智联的高管们多么兴奋，因为他们发现智联的市值不仅完全无法与2004年上市的对手前程无忧相抗衡，而且有一家上线仅一年的在线招聘网站在其身后紧追不舍。

一个积累了15年的行业巨头，在投资人眼中的价值竟然与上线仅一年的行业新秀没有多大区别。这意味着，不仅中国互联网招聘行业遭遇了困境，美国同行的日子同样也不好过。

收购中华英才网的环球巨兽是全球最大的专业招聘网站之一，长年占据一半以上的市场份额。但是，打着社交网站旗号的在线招聘网站领英强势切入市场，抢走了环球巨兽在高端人群中的蛋糕。而另外一家专注于互联网行业的垂直招聘网站戴思控股也开始蚕食环球巨兽在互联网领域的市场。

大象遇到了蚁群，环球巨兽缩进了角落——现在它的市值大约为6亿美元，而领英已经达到100多亿美元，戴思控股则以环球巨兽的1/20的流量取得了和它同样多的净利润。

其实，传统招聘网站并不是输给了对手，而是输给了自己，输给了时代。兴起于Web 1.0时代的招聘网站在进入Web 2.0时代后并没有及时调整自己。

Web 1.0时代的互联网是一个"大而全"的时代，所有企业都必须抢占先机，野蛮生长，用户的需求被摆在了第二位，招聘网站也不例外。它们通过大量地投放广告，吸引流量和简历，然后将简历卖给有招聘需求的企业。这个时期，所有的招聘网站都在招聘的职位和类目上做到了尽可能的大而全。像智联这样的传统招聘网站在流量和规模上达到一定量级后，后来者很难居上。同时，由于其在细分领域也有相应布局，因此在战略调整和业务布局上也有一定的灵活性。

而 Web 2.0 时代的互联网是一个"小而美"的时代，这种从大到小的转变意味着以用户体验为主导的时代到来了。信息的呈现越来越多样化，形式也越来越个性化，人们的需求不再是在网上找一家招聘公司的信息那样简单。

第一，网络上各类资讯日益泛滥，人们要求信息更加精准。在互联网时代，企业自身的发展情况越来越多变，求职者在寻找工作时更加注重企业的发展前景和相关背景。同时，由于人才流动性在互联网时代前所未有地增强，企业也对求职者的个人职业背景信息提出了更高的要求。

拉勾网曾经做过一个调查。团队选取了曾经通过拉勾网找到工作的 500 个人，询问他们在找工作的时候最担心的事情是什么。大多数人的回答是"选错工作"。因为互联网行业变化太快，今天还热闹非常的业务明天可能就已经失去风头。在这样的环境里，如果选错了工作，试错的代价是非常大的，所以大家心慌，不知道下一步要怎么走，该干什么。

在这种情况下，如果有一家咨询公司，或者一个人才服务网站可以给找工作的人提供一些行业内的建议就再好不过了。

然而，传统全行业招聘网站无法做到这一点。因为它们不可能对所有行业和职位都有深入的了解，也无法对自己网站上的每一家公司都进行全方位的评估——时间精力有限，成本也有限。综合性越强的平台，越难以满足用户精细化和精准化的要求。相反，垂直类招聘网站专注于某一行业或某一领域，因此可以为企业和人才提供专业的信息服务，甚至提供个性化的信息定制。

第二，传统招聘网站经过十多年的发展，也不过是将招聘的场景从线下招聘会搬到了网上而已，并没有从本质上对服务进行改善。也就是说，十多年来，这些招聘平台并没有为平台上的求职者和招聘者提供价值增值服务，依然还是单纯地展示信息，甚至展示过程中也未能将企业最吸引人、最积极的一面展现出来。

正是传统招聘网站在服务上的不作为和创新能力滞后让各种垂直领域的招聘网站有了可乘之机。

第三，新一轮人口红利是垂直招聘网站在未来占据市场的最大利好消息。

互联网领域对于人才的需求会越来越旺盛。对于传统企业来说，互联网带来的转型机遇使得他们需要更多能够适应转型发展的人才。对于原生的互联网企业来说，由于技术领域的不断进步，行业创新要求不断提高，企业对人才的要求更加旺盛也更加细致化，这是社会发展的趋势。从业人员也会相应地极大增加，新一轮的人口红利即将到来。

另外，创业浪潮的到来同样为垂直领域招聘提供了机会，即可以专门针对创业公司提供个性化的人才招聘服务。特别是那些处于创业早期的公司，他们通常需要一些业务能力强，经验丰富，相较于薪资更看重成长空间的人。在提倡全民创新、全民创业的时代，随着创业公司的大量兴起，这方面的人才会呈现紧缺态势。

垂直招聘领域或许还可以专门针对不同地区的人才招聘市场进行业务布局。北上广等一线城市聚集了大量人才，与之相对的是，二、三线城市的人才储备告急，尤其是科技人才。虽然二、三线城市的科技园区提供了很多优惠条件，但实际上人才依然没有在当地会集。

综合而言，大而全的全行业招聘网站无论在信息提供还是服务方面都已经不再适应用户的需求，各类垂直细分领域的信息深耕和专门的价值服务将分割整块招聘市场的大蛋糕。现在，赶集网和58同城一起占据低端求职用户市场，互联网垂直领域由拉勾网捷足先登，高端用户市场由猎聘网主导，而前程无忧和智联招聘能否拖动巨大的身躯，在自己现有的大盘下实现细分市场的创新，是能否翻盘的关键。

需要注意的是，并非所有行业都适用于垂直细分，关键要看这一行业的规模、市场潜力和它在未来的发展趋势。不过，垂直招聘在关注专门领域时还需要注意，细分行业的力度并非越细越好。首先要考虑细分领域是否有足够的用户规模来支持产品。比如，专注于互联网行业，这一划分已经足够细致，但如果再往设计师方向细分，仅专注于交互设计的招聘范围就可能太小，因为全国做交互设计的工程师人数相对较少，无法长期持续地为企业生存提供驱动力。

另外还要注意，细分领域的用户是可以用实体业务整合起来的。比如拉勾网做互联网行业垂直招聘，这个行业的人很容易通过活动、广告等聚集起来。但是像房屋中介、手工艺人等，他们虽然人数众多，却并不容易通过实体的业务来聚集。所以，寻找细分领域时一定要注意避开这些不容易聚集的人群。

垂直招聘在人才缺口巨大的互联网行业正形成一个新兴的市场，哪个公司反应更快就会获得先机。2014年，拉勾网在淡季举行的垂直招聘周以及第二年的全民跳槽月，就可以说是出于先行占领用户心理的需要。马德龙的野心是，通过这样的活动，刷新行业招聘的时间点。这样的布局一旦成形，后入市场的企业将会面临巨大的竞争压力。

拉勾网在上线后还产生了另一个重要的影响，就是带动许多热钱进入了垂直招聘领域。因此，在这个领域除了产品和市场的竞争之外，资本的竞争也会越来越激烈。资本竞争可能会让有钱的人高歌猛进，也可能会淘汰一批后进者。

3W 代表"互联网＋"的一种模式：轻资产＋服务

王森是著名的参差咖啡的老板。他说自己一不小心开了 16 间小小的咖啡馆，而且每间都还存活得不错。

这也许是一个咖啡馆老板的终极梦想。在这个资深咖啡馆经营者的心目中，有几类人不太适合开咖啡馆：一是刚刚毕业的大学生，为了创业，当"自雇"型的老板而想开咖啡馆。因为他觉得毕业生常常冲动行事，工作经验和技能都不足以支撑他们开咖啡馆。二是那些钱多想玩玩的人，他认为最好也不要开咖啡馆，因为兴趣和经营绝对是两码事。

另外他还提到一种情况不要开咖啡馆，有意思的是，这种情况刚好和 3W 咖啡馆创建时的情况有点像：那些圈子大、人脉广的人不要开。王森给出的理由是，人脉和资源通常只是为咖啡馆锦上添花罢了。

想想看，3W 咖啡馆正是凭借老板背后的圈子和人脉做起来的。但这并没有推翻王森的理论，因为他还有后半句话：一家咖啡馆的存活和背后的人脉没有必然关系，它靠的还是经营。而且如果真有资源，还是要专职来做，最好不要兼职。为了"双保险"而两头忙的人其实什么都做不好。

3W 咖啡馆的发展实际上恰恰印证了王森的判断。3W 咖啡馆从经营之初的迷茫到最后转型成功，正是从业余玩票到专业运营的转变过程，遵守了客观的经营规律。今天的 3W 咖啡馆有了更大的目标，不仅要开设分店,而且要上市。负责咖啡馆业务的 CEO 周愿说:"要做成科技版的星巴克。"

在互联网时代,咖啡其实并不算是一个创新产业,更谈不上高科技,星巴克却能在挑战者层出不穷的情况下,依然保持着龙头老大的地位,并实现了增长。作为全球最大的咖啡连锁企业,星巴克分店遍布全球,超过 1.8 万。在这样大的体量之下,销售额自然不低,星巴克每个月可以从咖啡馆得到的营业额高达数亿美元。这样的规模依靠的是大量的线下店铺销售。由于老板舒尔茨十分注重店铺带给人的环境体验,因此星巴克的选址多在一级干道,而且要求很大的空间。这就造成了星巴克的租金成本极高。虽然羊毛出在羊身上,最终为成本埋单的还是消费者,但高昂的租金仍给星巴克的利润带来了极大的压力。

尽管还是以卖体验和服务为主,但由于规模大,地产成本高,星巴克可以被视作一个重资产公司。但是它有一个很省钱的地方,就是广告宣传。星巴克品牌很响,但是广告方面的费用很低。为什么?首先当然是由于选址,在人流多的地方,醒目的招牌就是最好的广告。其次是在全球化背景下,人口的流动不仅大而且快,这样一来,北京的星巴克迷自然也是东京的星巴克迷。同样的,日本的星巴克不必在中国投放广告也会有大量的中国粉丝。如此,星巴克卖出的每一杯咖啡的边际成本就会很低。

作为全球顶尖的咖啡品牌之一,星巴克成为许多商圈的"标配",甚至成为衡量一个地段是否"繁华""时尚"的标志之一。3W 咖啡馆要做成科技版的星巴克,就要朝着这个方向努力。当然它并不想开在商业区里,作为一个互联网人的圈子,它想要在"科技园"里称王。

因此,3W 咖啡馆的下一步就是要在全国铺设分店,但是必须有章法。

Part3
再上路，折腾不止

一线城市作为资源集中区域是 3W 咖啡的根据地，在这些地方的科技园扎下根之后才能向其他地区的高科技园区或高科技从业人员集中的地方推广。

在周愿的规划里，3W 咖啡馆的理想模式应该有 3 种：第一类是空间极大的旗舰店，就像现在的北京中关村创业大街店一样，有孵化器和各种活动场所；第二类面积小一些，约两三百平方米，卖些咖啡，提供一些会议场地，就像原来苏州街的老店一样；第三类更小，它是科技园的"食堂"，白领的"外卖"，专注于餐饮，当然也会配合传媒做一些信息发布。

这样看来，3W 咖啡最终并不一定会像星巴克那样变成一个重资产的企业。它首先是落脚科技园，这里通常会有租金的优势。其次，从周愿的 3 种理想型来看，3W 咖啡馆卖的还是服务和自己的品牌。它在 3W 集团里占的比重应该是最大的，但咖啡或餐饮并不是主要的利润来源。所以就这一点来衡量，它将是连锁咖啡馆里资产较轻的企业。

所谓轻资产，就是在资金上以小博大，真正的资产都在创业者的创意、思想和运营过程中不断地积累。这些资产，无论何时都是能增值的。

这样来看，星巴克当真十分传统。3W 咖啡馆是 Web 2.0 时代的产物，它几乎可以成为互联网与传统产业深度融合的代表，真正做到以创新驱动发展，而不仅仅依靠规模和"烧钱"。这是"互联网+"时代的精髓，互联网不仅仅是传统企业的辅助，还将成为企业未来发展的核心。无论哪种行业与互联网叠加，都将产生"1+1 > 2"的效果。

许单单和周愿最大的野心就是将 3W 咖啡馆上市。上市有时候并不是缺钱，也并不一定是为了赚更多的钱。实际上除了融资以外，3W 咖啡上市还有更重要的理由：巩固公司的品牌知名度。上市的过程本身就是一个聚焦媒体目光的过程，即便原来不知道3W咖啡馆的人，通过这一时期媒体的报道也都会对它产生好奇，想要了解它。这种效果要比广告好得多。

反思：在沙漠里，买一条荒诞的领带

2015年5月7日，许单单转发了他自己一年前写的一条微博：

放心美公司走破产流程了。13个月的公司，自己做了五六个月，后面是新CEO做。中间看到了人性美好，也看到了人性丑陋和一些人的挣扎。客观说，眼睁睁看着事情失败的过程，对内心的触动还是很大的，对个人成长的帮助也很大，后面拉勾网和咖啡馆等的超预期发展，也是因为吸取了这些经验。给失败点个赞。

放心美是2013年7月上线的一家美发类APP。直到失败，好像也没有太多人知道有这么个APP存在过。今天在互联网上也能找到当年许单单推荐放心美的消息，不过一年以后它还是败了。

其实那天有更大的新闻值得许单单在自己的微博上做做宣传——总理来3W咖啡了。可是许单单在所有的喧腾中只写了一句话："卖给领导咖啡喝，收了30块钱。"反倒是关于放心美的这条微博，他更想与人分享。这是一个经历了波折与逆境之后获得肯定的人会有的情绪，过去那些被压在心底许久的痛苦与委屈会随着那些欢呼声一齐涌向自己，而且可能来势更猛。许单单在这个时间点上发一条关于失败的微博，给失败点个赞，是在宣泄，也是因为学会了反思。他明白，自己犯的所有错误比这一次的肯定更能让他成长。

现在的许单单走出了一条属于自己的路，咖啡馆的运营走上了正轨，而且渐渐实现了收支平衡；拉勾网也迅速地在互联网界打出了名号，坐稳了互联网垂直招聘的第一把交椅；孵化器、传媒方向的业务也都在稳步进行。

一切看起来都很美。

可是只有许单单自己知道，到底犯了多少错才能走到今天。

他曾经说过一个笑话："有一个人千辛万苦从沙漠里走出来，又渴又饿。这时候他看到沙漠边缘有人在卖领带。他非常不理解，为什么小贩会在这里卖领带。于是没有搭理而是继续蹒跚着往前走。

"结果过了一个多小时，这个人回来了，扔了100美元给小贩，拿着一根领带就走了。原来，两公里外有一个破旧的饭店，但门口牌子上写着：'衣冠不整者，不得入内。'"

许单单觉得自己就像是那个沙漠里走出来的人一样，千辛万苦地从一个资源匮乏的地方出来，挤进了资源最多的地方，然后犯着各种各样的错误，去接受各种荒诞法则。

许单单3年前承认，他犯过错误，当时的他年轻气盛、浮躁、渴望成为焦点，信奉影响力，相信只要一个人的影响力够大就有可能改变世界。很多人也都这么相信着，但问题是人们在得到影响力之后就偏执地将出名甚至更出名当成唯一的生活方式。许单单曾经这样偏执过，结果惹来争议缠身。这种争议不仅仅是对他自己造成了伤害，更重要的是影响了他身后的3W咖啡。

现在回过头来想，许单单特别感谢那些骂他是骗子的人。如果没有他们，也许至今他还在追求发点文章赚眼球的生活，也许就不会有今天的 3W 集团。这时候他想起了一个故事，来自那个帮他们做团队培训的培训师。

有一位歌手在成名以前曾经被声乐学院的老师判定为"破锣嗓子，一辈子唱不好"。这个老师的话让他一度非常愤恨。他不甘心，于是努力练习，拿毛阿敏当作自己的榜样。最后他成名了，人们问他最感谢的人是谁，他说是毛阿敏。但培训师说他最应该感谢的其实是那个看不起他的声乐老师。如果没有那位声乐老师的轻视不断地激励着他，就不会有歌手的今天。

许单单就像是故事里的歌手，骂他的人就如同故事里的声乐老师。也正是因为有了他们，许单单才会沉下心来做点脚踏实地的事。经历过这些，他变得沉稳，不太关注外界的说法，也很少再接受采访。他想起一位创业大佬的话："虚荣会让自己不断地变得庸俗，把影响力当作心中存在的善念就好，不要把它当作衡量自己的标准。"

在经营上，许单单也犯过错，而且是在起步阶段犯了战略性错误。他只注重 3W 咖啡馆作为互联网圈子的属性，认为互联网重要，创业重要，咖啡不重要。结果，作为母体的咖啡馆经营不善，差一点儿让他的梦想倒下。

转变认识之后，3W 咖啡馆终于有了起色，团队的规模逐渐扩大。在这个时候，许单单意识到公司进入了最危险的阶段。他想起了启明维创的童士豪先生说过的话："一个公司最危险的时候，不是毫无建树的时候，而是刚刚取得了一丁点成就的时候。"在拉勾网的创建、发展过程中，他对这句话有了越来越深的感受。半年内，拉勾网的员工从原来的 6

人增加到80人。可是许单单期待中的发展速度和团队员工的干劲并没有到来。他觉得规模壮大之后，因队的效率反而降下来了。总有人来问他，公司有起色了，是不是要加薪，是不是要改善福利，是不是要改善办公室的环境，诸如此类。

许单单想知道这些问题为什么会出现，因此组织了一次活动，召集大家一起复盘拉勾网走过的路。

那次活动有16个人参加，其中包括3个创始人和拉勾网最早的6名员工，十几个人在一座安静的农场待了一整天。也许是隔绝外界喧嚣之后就容易回归本质，那次**许单单第一次发现将所有人带到今天的是"野心"**。

创业的人本身就是有野心的人。许单单和马德龙、鲍艾乐3个人一直以来不管做什么都很努力，而且也都有较强的能力，但是如果没有那份"野心"，他们就不会放弃安逸的生活、放弃高薪而闯入创业潮中。因为薪资再高也还是替别人打工，而只有有野心的人才会想脱离这样的生活，为自己做事。也只有那份野心才有可能让他们在最艰难的时候还愿意坚守——不希望就这样平淡地结束自己的梦想，回到原来的生活里。许单单说，这种野心让人愿意放弃暂时的安稳，去搏一个更大的未来。

创始人的气质将那些有同样想法的人吸引过来。最初的拉勾团队只有6个人，他们至今依然是拉勾网里最有干劲的人。这能让他们轻松地应对初创公司时的各种艰难。许单单想起拉勾网刚刚搬到新办公室时的场景。那时候，大楼正在装修，因此整栋楼就是一个大工地。有一次，装修材料堆在楼道里甚至把整个楼梯都堵住了。还有一次办公室外面铺水泥，水泥没有干谁都走不了，大家只能待在一起等水泥干了再回家。这样的事情时不时发生，更别提那段时间永远响在耳边的装修声，但那时候仿佛所有人都可以自动屏蔽这些噪音，眼前只有一行行的代码。

那段时间里没有人离开，许单单觉得单凭"热爱"不足以让他们忍受那样的环境——一家看起来毫无进展的公司，糟糕的工作环境，甚至连什么时候能赚钱都不知道——真正驱动他们的唯有梦想与"野心"：不想让自己平庸，无论怎样，一定要有成就。这份对自己的期许让他们抛开了对外界环境的关注而真正投身于当下的任务。

这种进取心态，其实是所有初创公司团队最需要的，说得直白一些，它是一种艰苦朴素的心态。如果在当时，许单单可以将这种朴素的进取心态作为3W咖啡的企业文化确立起来，那么他们后来或许会走得更顺一些，可是他错过了最好的时机，因此他在管理团队的时候变得迷茫——他不知道自己应该找什么样的人，应该留什么样的人，应该辞退什么样的人。

现在看来当然一切都很明确：作为一家由梦想驱动的公司，团队的成员必须有"成就自己"的野心，并且有作为初创公司成员的艰苦朴素的作风。但在当时许单单没有总结这些，这是他的一个重大错误。

将公司的文化确立下来，其实就是领导者与员工之间建立了"心理契约"。这个概念是由美国著名管理心理学家施恩教授提出的。心理契约是指这样一种配合：个人有所奉献与团队欲望有所获取之间的配合。同时，团队将针对个人期望的收获去提供资源和平台。如果员工的心理情感需求得到了满足，心理契约得到了兑现，那么他们对团队的忠诚度和满足感就会提高，从而愿意为团队做出超出团队领导者期待的投入。

确立公司文化有利于找到对的人，这一点非常重要。因为用错一个人不仅仅是这个人的问题，比如，那些与3W的企业文化不相符的人会抱怨，抱怨公司的待遇不好、职位永远没有升迁；抱怨领导的严厉管理；抱怨同事们冷血；抱怨工作任务太重、工作困难太大……他们把工作当作一件苦差事，把工作当作索取，缺少责任心。最后，这种负面的情绪演变成对公司、对老板的对立和批判。他们总觉得老板不公平，不重视自己，好事（升职、加薪、出国、培训等）永远轮不到自己，自己好好干也没用，索性偷懒、耍滑、拆台。

显然，这种负面情绪会对整个体系都产生负面的影响。

许单单在管理上的所有焦虑都在人的层面，因此需要从人的层面去解决。

除此之外，许单单还犯过不少错，比如最开始通过众筹创立了咖啡馆，但是后来没有很好地梳理股权结构和法律关系。其实在众筹开始以前就必须对项目的股权结构进行设计，避免兄弟义气式的江湖模式。没有事先设计好股权结构，就会带来利益分配不明确的麻烦。哪怕是志同道合的人一起创业，也先得明确，关系归关系，交情归交情，生意还是要归生意。股权平均或是比例配置不合理，核心成员反而无法拿到应有的回报，都是这种模式可能造成的后果。

不过幸好3W的创业团队反应很快，他们能在错误中及时调整，可以在反思中总结出经验。对于一家创业公司来说，这一点更是难能可贵。这还是应了那句话：那些没有打倒你的，最终都会让你更强大。

热闹的世界，不忘初心

鲍艾乐说，许单单是一个性格很矛盾的人。他对人很好，但是有点不知道什么样才是真正的好。因为许单单年少时的经历太苦，所以他所理解的"好"就是那样。

吃过苦、待人真诚的人看起来不太会折腾出什么事情来，但许单单性格矛盾，不是吗？他偏偏是那个最能折腾的，而且一下子折腾出一家上了《新闻联播》的公司来。

许单单本身就像他写在3W咖啡杯上的话一样：生命不息，折腾不止。

因为折腾，许单单一路麻烦不断。就在总理离开3W咖啡后半个月左右，麻烦又来了。一些陈年旧事被提起，管理上的问题依然存在。这个时候有位资历很深的创业导师对他说："少上微博。那些人黑你就黑了，你看多了会有太多负能量。"

负能量其实也并不是完全不好，只看人如何面对。许单单是那个能把负能量转变成正能量的人。

其实他并不像看上去的那样平和，相反，他是个闲不住的人。他早些年那些"折腾"的动机着实接地气：为了赚钱。许单单是安徽农村的孩子，他说自己是最没有背景的人，家里条件不好，他总想着要多赚点钱。

就这样，许单单开始折腾。他开过蛋糕店，做过网络红人的助手，开3W咖啡以前在几家顶级基金公司和互联网公司任职，被称为互联网分析师，写过一些分析文章。这些事情被写进了一篇关于许单单的报道里。最终的结果是，在百度搜索许单单，出来的第一个关联词是"许单单造假"。

他的履历受到了质疑。

蛋糕店？没人听说啊。

网络红人的助手？人家说没有啊。

多家顶级公司？都是被开除的吧。

分析师？根本没什么能力。

质疑本身就让人焦虑，更让许单单焦虑的是，这些事情发生在3W咖啡最艰难的时刻。

虽然现在许单单面对媒体时已经可以平静地说："这种事情很难去争辩，就和证明'你妈是你妈'是一个逻辑。"不过在当时，他和自己的两位伙伴都是年纪太轻，没有经过岁月打磨的人。这边正在为咖啡馆要倒闭的事愁得睡不着觉，另一边又饱受非议。

他当时没有任何舆论应对经验，因此只能和鲍艾乐、马德龙傻傻地看着。

罗辑思维主讲人罗振宇曾说过：

"互联网像一个大球，在任何角度你都可以扎出一个尖来，形成你的高地。世界是平的，就是说，你只要崛起小米粒那么点高度，你就是珠穆朗玛峰，你就是精英，你就是名人了。所以互联网给我们这一代人带来了更多的成名机遇。但是互联网时代成名背后的成本其实极高，为了成名，未来可能要付出极大的代价。会有哪些代价呢？其中之一就是当你成名之后，实际上你已经被众人用想象力抛离了人群，抛到了一个高度。但是抛离这事大家知道，就好比做抛物线运动，抛上去，就得掉下来。换句话说，抛得越高摔得越惨。**互联网时代特别容易把人抛到特别高的高处，一旦到了高处，大家就开始在仰视的目光里，去想象一个辉煌、高大、伟大的人，他的道德有多么完美。**"

显然，许单单中招了。

但是即使在那样窘迫、毫无出路的时候，他们依然在做事。这可能就是一个创业者最后能成功，并且成为一个优秀领导者的原因：在逆境中也没有随波逐流，能够跳出既有的框架去思考如何把自己的梦想坚持下去，并且在这个时候依然有勇气孤注一掷。

那个时候许单单就孤注一掷，于是有了现在中关村创业大街的3W咖啡馆。当时，对于搬店的提议，鲍艾乐心里其实是没底的，因为他们面临一个严峻的问题：账面上的钱是8万元人民币。

8万元可以做什么？可以在北京的"宇宙中心"五道口买下1平方米的房子，可以买一辆两厢轿车，也可以跑到东南亚进行一场舒适的旅行，甚至还可以买一颗相当不错的钻石来求婚……但是这8万元对于许单单他们来说什么都干不成。

当时鲍艾乐的想法是，现在200平方米的小店房租都拿不出来，到了新店那么大的地方能交得起房租吗？马德龙同样心怀疑虑，能行吗？不过后来在评价这个决定时他说："许单单对于3W咖啡的发展只说了3句话：我们开店吧，我们搬店吧，我们做拉勾吧。后来事实证明，就是这3句话成就了现在的3W集团。"

房租的事其实他们不用担心，因为中关村的管委会决定对他们减免房租，毕竟这是名气很大的3W咖啡。

这是许单单的领导基因的展现，他在一切都不明朗的时候，依然可以勾画蓝图。看看他如何让投资人为快要倒闭的3W咖啡馆再拿出600万元人民币就知道了——当时真的没有人相信他们还能继续经营下去，对于投资人来说，3W咖啡就像个随时可能爆炸的定时炸弹。

后来许单单说："那个时候就是在找'真天使'。"在总结这段经历时，鲍艾乐觉得他们3个就像3只兔子在挖一个埋得很深很深的胡萝卜。幸好他们没有放弃，坚持挖到了最后。

Part3
再上路，折腾不止

在逆境中，唯一要做的就是坚持再坚持，只有不甘平庸的人才会有这样的举动——想办法让心怀疑惑的人一直跟着他走下去，让他们相信自己的能力。

那种能力就是字面上的意思——有实现梦想和抱负的能力。无论一个人多么有天赋，语言多么有煽动性，最终让人愿意跟随他的依然是这种纯粹的能力。这在很多优秀的领导者身上都可以看到。比如那个"偏执"的英特尔前CEO安迪·格鲁夫（Andy Grove）。他曾经做出决定，让英特尔放弃内存生产业务专注于微处理器。他的员工对于这项决定十分不解，因为在上市16年当中，内存一直是英特尔的主要营利项目。于是有人指着格鲁夫的鼻子质问："你觉得英特尔不生产内存了还是英特尔吗？"

格鲁夫只回答了一个字："是。"

事后，他证明了自己的选择是正确的，英特尔的这次转型对所有人来说都意义重大。

这就是能力，一种让员工相信就算是走进了危机四伏的迷宫他也能把人安全带出去的能力。这种能力对于领导者自己而言就是不到黄河心不死的执着。对于互联网行业里的人来说，不折腾就没有创新。他们更需要打破条条框框，打破常人对于常识的认知去实现自己的梦想。

这一切的代价是每天都要面对无数的问题，面对指责、非难与质疑。而所有挺过来的人都有一个秘诀，那就是一直往前走，决不放弃。2015年5月7日那天到3W咖啡里喝咖啡的总理总算是让他们的折腾有了意义。

只是这一次许单单要淡定得多，他对这件事情的表述就像是一个经过长途旅行的人在回顾路上发生的平常事一样，陈述事实，表达感慨，

平实而不乏真诚。

相比于3年前,许单单觉得自己总算是稳重了一些。想想当初的轻狂和浮躁,他开始承认是是非非都是自己引来的。那个时候他想得最多的是怎样让自己被更多人关注,形成所谓的影响力,几乎把"出名"当作一种生活方式。也许这是一个互联网分析师必须考虑的事,要发声,要让人关注,要有转发。但事实证明,动嘴容易做事难。因为事情没有做好,名大于实,所以他怨不得别人。

现在总理来了,他更想用这种鼓励来反哺内心而不是用来对外宣传。不过外界还是有新闻,一场热闹过后,又有人将3年前的那场"造假"事件翻出。旧事沉渣泛起,许单单看着微博上的热闹心无波澜,只当是在自己小有所成的时候有人给自己泼了冷水,转头告诉自己别再犯同样的错误,勿忘初心,这事也就翻过去了。

朋友告诉我,又有一些黑我的言论。其实,挺感激当年那些批评我的人。回看3年前的自己,的确有些虚荣。恰因为被舆论打击,才下定决心努力低头做事,微信签名改成"低头干活,暂不见客"。两年了,一个月一个饭局都没有。3年踏实干活,愈发感受到自己能力的局限,需提高的地方很多。谢谢支持我和批评我的人。

这是2015年5月10日许单单更新的一条微博,这条微博至今依然是他微博里的热门。他会顶着这些"黑历史"与质疑一直走下去,和他的伙伴们一起不断折腾。很多事情许单单并不想再辩解,因为这并无意义。

附录

2014 中国互联网职场调查报告

1. 中国互联网从业者——平均跳槽频率 18.16 个月

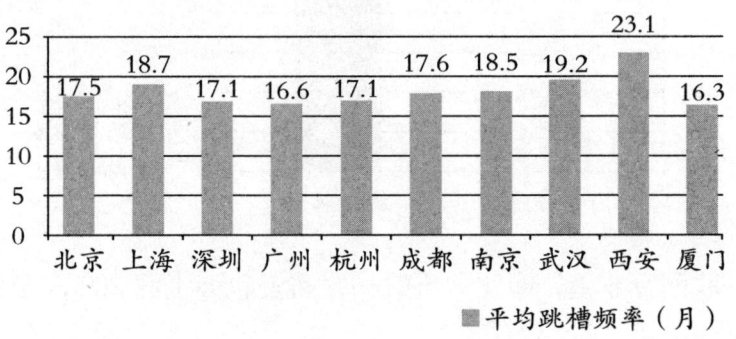

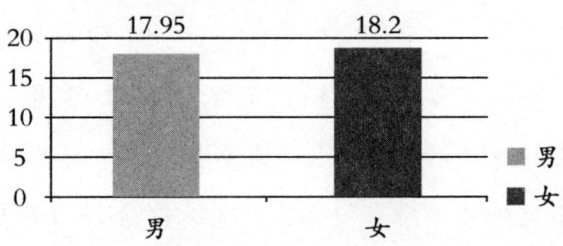

不到18个月，即一年半的时候，大家就跳槽了，所以互联网行业跳槽是很快的，比其他行业快得多。

北京低一点儿，上海高一点儿。西安是特别稳定的，将近两年才换一次工作。但是厦门很奇怪，换工作频率反而很高，可能是因为美图秀秀之类的公司起来太快了。

就性别来说，明显女孩比男孩稳定度高一点儿，因此女孩比男孩忠诚度高一点儿。

2. 中国互联网从业者——平均跳槽薪资涨幅25%

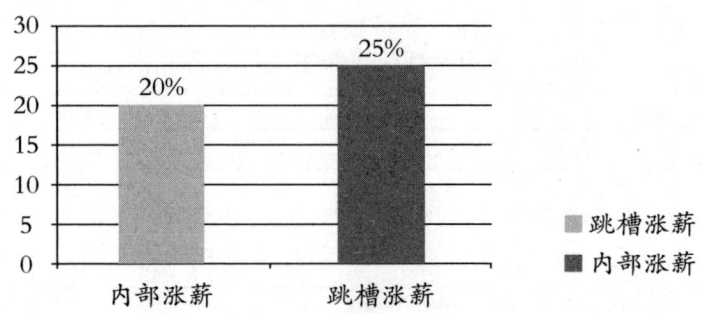

在互联网行业里，即便你不跳槽，薪资也会上涨20%，但是跳槽后平均也只涨25%。

如果在座各位的公司里面平均薪资每年没有涨20%，就是你的公司坑你。这是大数据得出来的结论。

90%的人跳槽都有一个误区，他们会问："我的能力符不符合这个要去的岗位？"但其实要不要跳槽真正要考虑的因素是：我要去的这个岗位或者说我去的这个行业是不是一个朝阳行业？你要去的这个公司在朝阳行业里是否名列前茅没有关系，你去的这个公司倒了，但你在这个行业里是有积累的，它倒了它的竞争者一定活着，你可以跳到它的竞争者那里去。就像团购网站一下子出来那么多，招聘门槛很低，一些倒了的团购网站的员工可以到那些活着的团购网站工作。所以，跳槽首先要考虑这个行业是不是在风口，其次再考虑我能不能干。90%人只关注这个工作我能不能干，这是错的。

3.中国互联网企业——细分行业分布

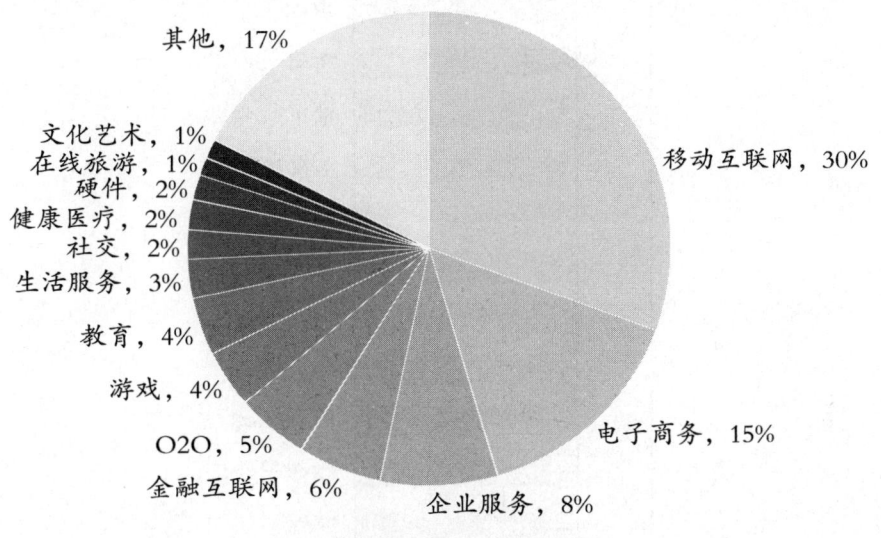

互联网企业细分行业分布

哪个行业的份额涨得快，就代表这个行业正在快速地成长。

互联网金融这一行业，刚出来两三年就占据全部互联网企业的6%，就是120多家。

4. 中国互联网企业——细分行业平均薪酬水平

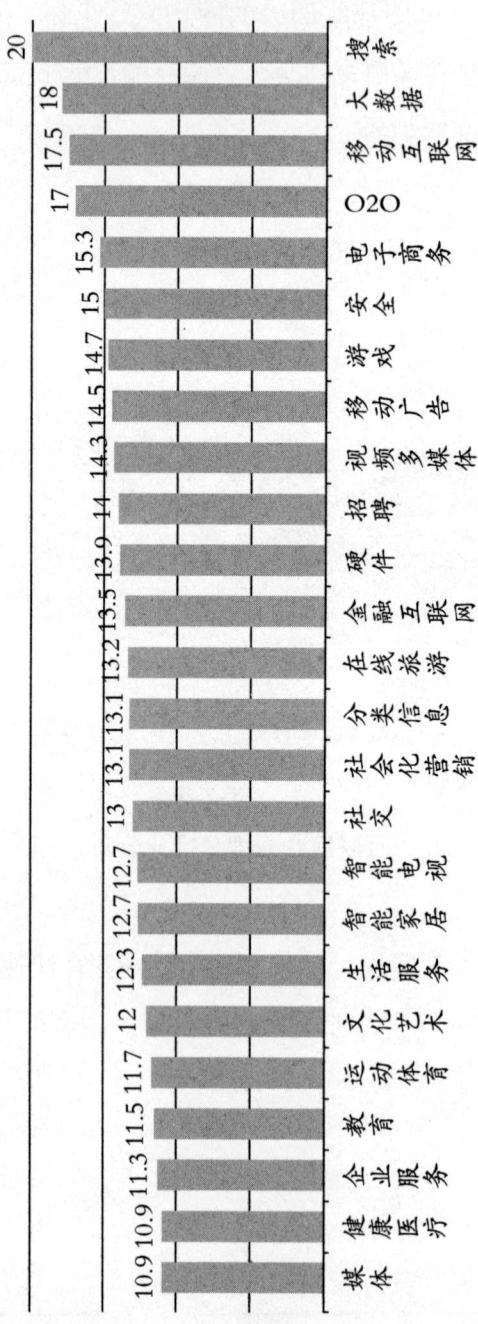

媒体工资是最低的,但这就是基本工资,没有算交通费和红包。

在行业分布上,最右边大数据、移动互联网、O2O、电子商务4个行业是最高的。搜索公司数量少,而且要求尖端的技术,所以它其实可以忽略不计。

O2O、电子商务、移动互联网比较强,左边那一部分明显是衰落的。

5. 中国互联网从业者——职业分布

48%都是技术,产品设计和运营占70%多,技术是最多的。

拉勾网之所以今天比较厉害,是因为我们将近50%的比例都是技术人员,而行业里公认技术人员是最难招的。

所以技术、产品设计、运营这3类属于功能性的人才,在我们公司里数量比较多。

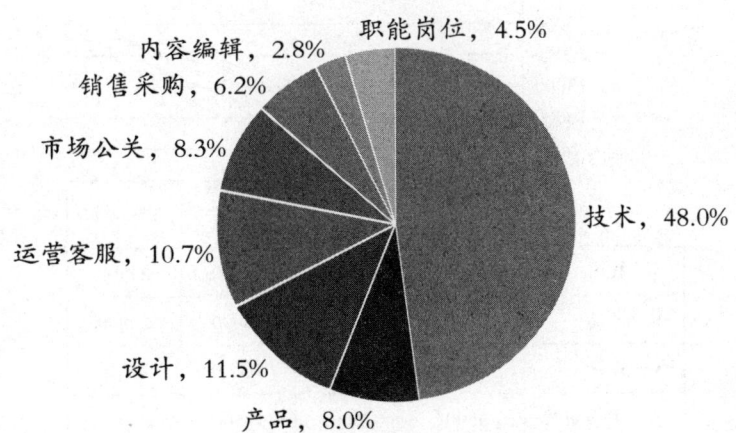

互联网从业者职业分布

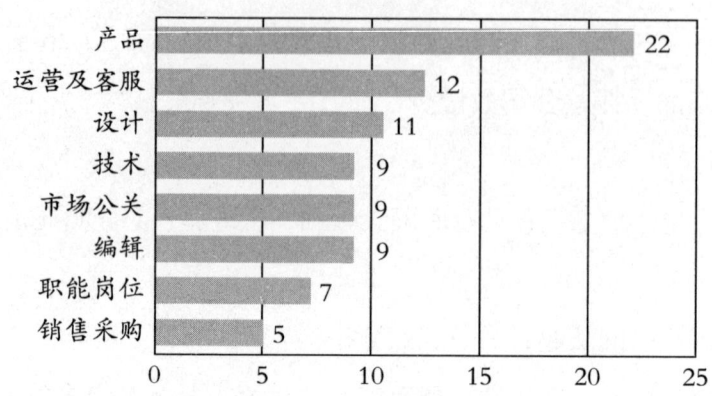

岗位吸引力是指平均每一个招聘岗位收到的应聘简历数量

6. 中国互联网公司——平台巨头的薪酬水平

大家可以看一下自己工作几年之后，岗位工资有没有达到这个水平，找找自己的坐标在哪儿，比它高还是低，这是拉勾网上面真实的收入数据。

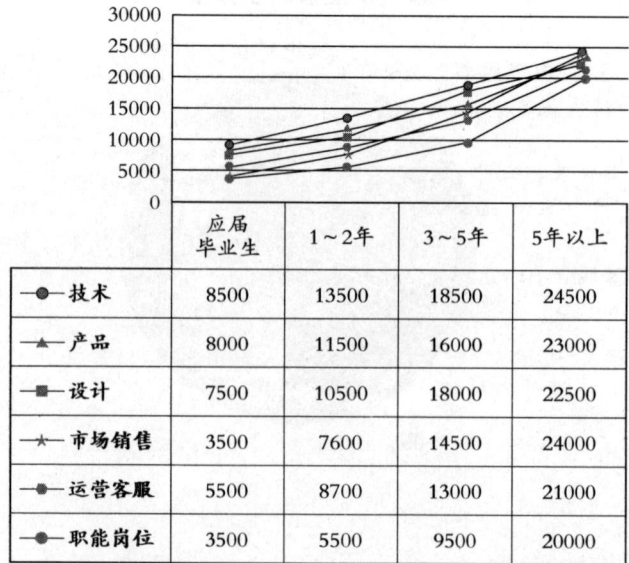

	应届毕业生	1~2年	3~5年	5年以上
技术	8500	13500	18500	24500
产品	8000	11500	16000	23000
设计	7500	10500	18000	22500
市场销售	3500	7600	14500	24000
运营客服	5500	8700	13000	21000
职能岗位	3500	5500	9500	20000

包含企业：腾讯、百度、阿里巴巴、360、小米、京东等

7. 中国互联网公司——上市新贵的薪酬水平

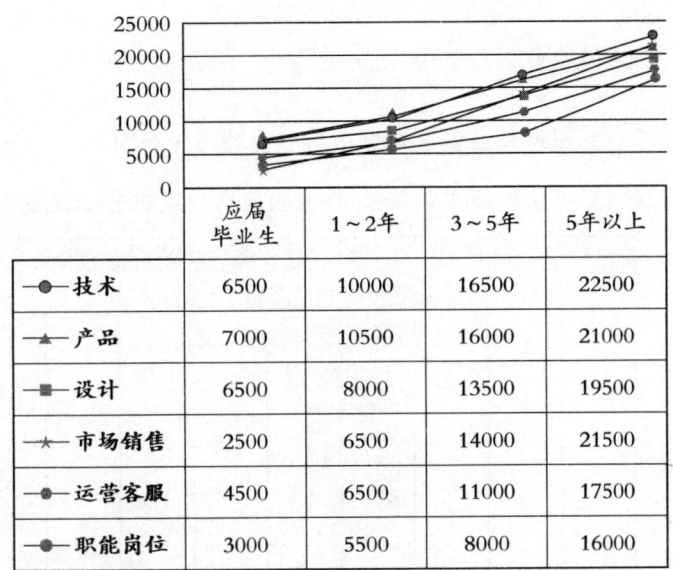

包含企业：猎豹、迅雷、汽车之家、去哪儿、58同城、500彩票等

新上市公司的薪资水平比早已上市的巨头总体还是低一点儿，但是新公司的好处可能有期权，有一个补偿。

8. 中国互联网从业者——学历分布

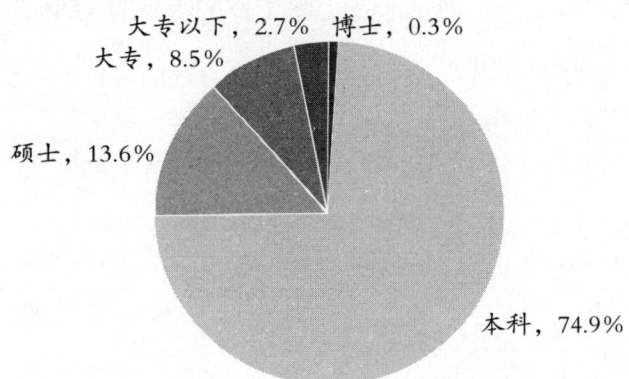

拉勾网上面本科、硕士加起来就80%~90%。互联网行业基本上还是以高素质人才为主。

9. 中国互联网从业者——城市分布

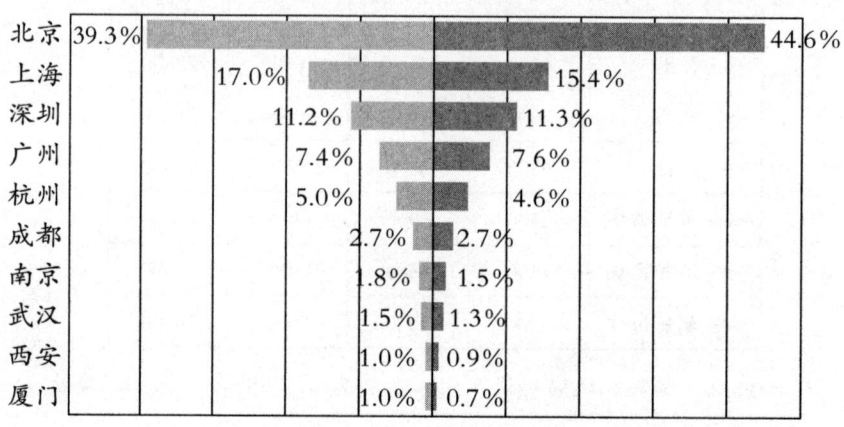

心仪城市是指应聘者投递出简历的招聘岗位所要求的工作城市

这个就是城市分布，可以看到左边是公司的分布，因为每个登录拉勾网的人都会填"我的理想城市"，想来北京工作的人和实际在北京工作的人比例比较多。

上海提供职位17%，但是想在上海工作的人只有15%，上海相对来说找工作比北京好找一点儿。

10. 中国互联网职位——最受欢迎 TOP10

2014年中国叫好不叫座的互联网公司招聘岗位（浏览量高/简历投递少）

序号	职位	公司	月薪	学历要求	经验要求	城市	发展阶段	公司规模	细分行业
1	Java技术	好卡网络	8K~10K	不限	3~5年	北京	天使轮	少于15人	移动互联网
2	财务总监	话语科技	15K~30K	本科	5~10年	重庆	未融资	150~500人	移动互联网，游戏
3	招聘专员	微众传媒	2K~4K	大专	1~3年	北京	B轮	150~500人	企业服务，社会化营销
4	Android高级讲师	极客学院	15K~30K	本科	3~5年	北京	B轮	15~50人	移动互联网
5	算法工程师	艾维邑动	15K~25K	本科	3~5年	上海	A轮	150~500人	移动互联网，移动广告
6	嵌入式技术学徒	上嵌集团	5K~10K	大专	不限	深圳	未融资	50~500人	移动互联网
7	高级营销顾问	悉知	4K~6K	大专	1~3年	郑州	C轮	150~500人	移动互联网，电子商务
8	PHP开发工程师	安居客	10K~20K	不限	不限	上海	D轮及以上	500~2000人	移动互联网
9	销售专员	韩创	3K~5K	大专	1~3年	上海	D轮及以上	15~50人	电子商务
10	运营总监	呼呼啦	4K~8K	本科	3~5年	南京	天使轮	少于15人	电子商务

上面有很多职位，哪些比较受欢迎？我们根据拉勾网上面的职位受欢迎程度，做了一个分类。

第一个是我们做的好玩的活动，第二个就是聚美优品的产品，第三个是猎豹，第四个是去哪儿。

其原因包含以下几个方面：

首先，求职者在找工作时非常在意企业与产品的知名度；其次，求职者非常在意职位的薪酬水平与企业福利；另外，招聘岗位与品牌营销的完美结合，也会让招聘与品牌共赢。

11. 中国互联网职位——叫好不叫座 TOP10

2014年中国最受欢迎的互联网公司招聘岗位（简历投递最多TOP10）

序号	职位	公司	月薪	学历要求	经验要求	城市	发展阶段	公司规模	细分行业
1	帆船大副	舟游	10K以上	不限	不限	北京	未融资	少于15人	在线旅游
2	产品助理	聚美优品	4K~6K	本科	不限	北京	上市公司	2000人以上	电子商务
3	产品助理	猎豹移动	8K~12K	本科	1~3年	北京	上市公司	500~2000人	移动互联网
4	Java技术	去哪儿	20K~40K	不限	3~5年	北京	上市公司	2000人以上	移动互联网
5	Java技术	优车诚品	8K~15K	不限	不限	北京	A轮	50~150人	电子商务,O2O
6	Java技术	智明星通	7K~14K	大专	1~3年	北京	B轮	500~2000人	游戏
7	产品专员	搜狐无线	6K~12K	本科	不限	北京	上市公司	2000人以上	移动互联网
8	产品助理	今日头条	5K~10K	本科	不限	北京	B轮	50~150人	移动互联网
9	移动互联网产品经理	百度	10K~20K	不限	1~3年	北京	上市公司	2000人以上	搜索
10	企业软件产品助理	国双科技	4K~7K	本科	应届毕业生	北京	A轮	150~500人	云计算/大数据

出现此种情况的原因在于：行业正热，但公司介绍和产品介绍没有体现出足够的市场竞争力；人才市场长期热度极高的高薪职位，但大多数人达不到要求；职位描述就一句话，求职者感受不到企业招聘的诚意。

（来源：3W互联网深度精选）

附录

2015 互联网人才流动报告

互联网招聘第一平台
拉勾网 权威发布

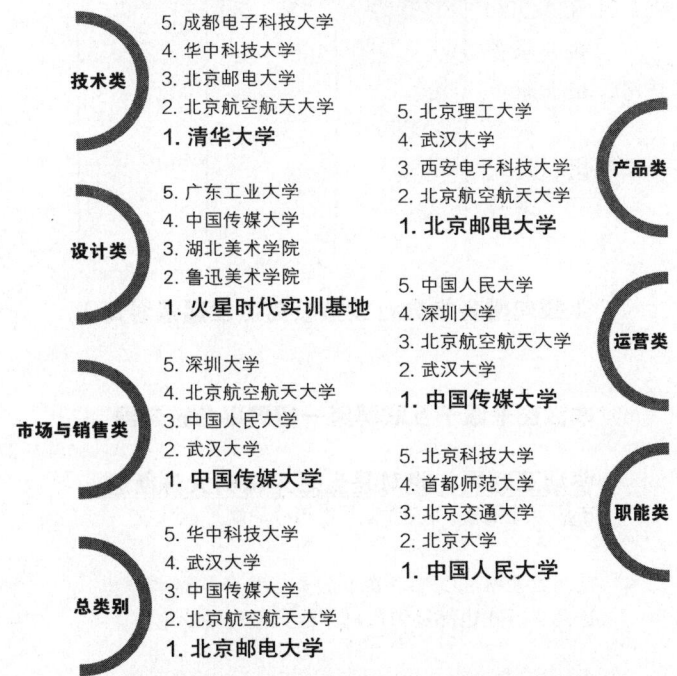

最受互联网公司欢迎的大学排名

技术类
5. 成都电子科技大学
4. 华中科技大学
3. 北京邮电大学
2. 北京航空航天大学
1. 清华大学

产品类
5. 北京理工大学
4. 武汉大学
3. 西安电子科技大学
2. 北京航空航天大学
1. 北京邮电大学

设计类
5. 广东工业大学
4. 中国传媒大学
3. 湖北美术学院
2. 鲁迅美术学院
1. 火星时代实训基地

运营类
5. 中国人民大学
4. 深圳大学
3. 北京航空航天大学
2. 武汉大学
1. 中国传媒大学

市场与销售类
5. 深圳大学
4. 北京航空航天大学
3. 中国人民大学
2. 武汉大学
1. 中国传媒大学

职能类
5. 北京科技大学
4. 首都师范大学
3. 北京交通大学
2. 北京大学
1. 中国人民大学

总类别
5. 华中科技大学
4. 武汉大学
3. 中国传媒大学
2. 北京航空航天大学
1. 北京邮电大学

（由得到面试通知者的学校数计算得出）
本数据来源于互联网第一招聘平台拉勾网

在最受互联网公司欢迎的大学排名中，可以看出互联网公司对于人才的要求与传统企业的不同区别。
从整体来看，北邮、北航、中传的人最为活跃。
或许因为北京是互联网重镇，所以北京各大院校的毕业生占据主流。

211、985 等传统名校相对有优势。
北大、清华的毕业生并未在互联圈尝到甜头，或许是因为这两所院校的优秀人才分布到了各行各业。

中国传媒大学包揽了运营、市场和销售等职位榜的第一。这也从侧面证实了，互联网公司的市场部员工很多都是中国传媒大学毕业生。

卖一杯互联网精神：
3W咖啡的创业梦想孵化手册

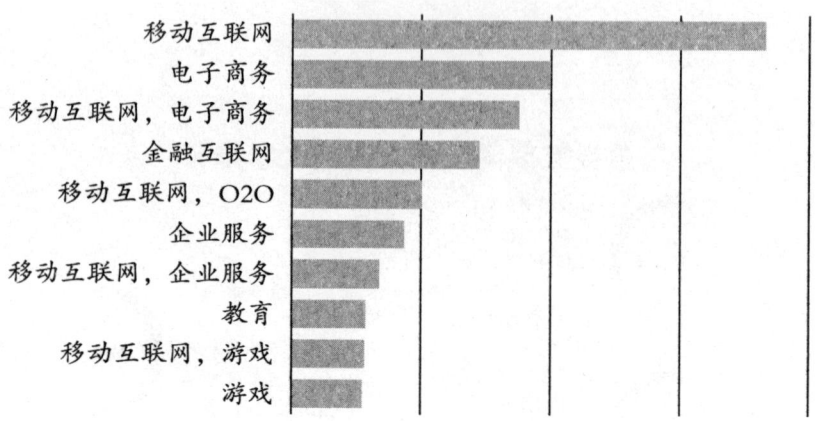

（拉勾网各细分行业接收简历投递量对比）

本数据来源于互联网第一招聘平台拉勾网

移动互联网，绝对是当之无愧的大势所趋，
市场渴望更多的移动端人才和移动端产品体验；

电商、金融、O2O、企业服务、教育、游戏，
这几个行业也都是依次排序最火最有钱的金主。

互联网公司与职位的城市分布

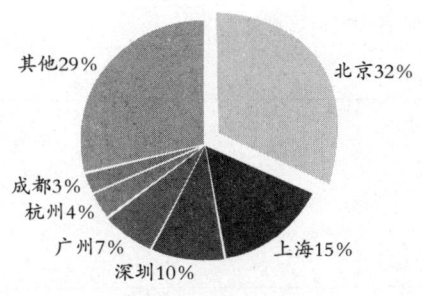

互联网公司的城市分布

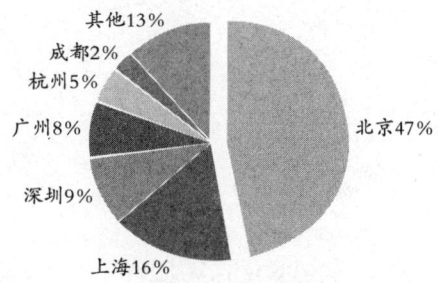

互联网职位的城市分布

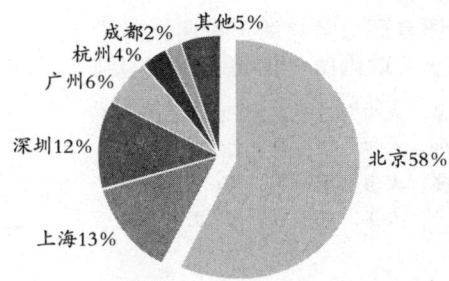

互联网简历投递的城市分布

（各城市公司、职位比例与简历投递量）
本数据来源于互联网第一招聘平台拉勾网

在所有城市中，北京的互联网行业求职者占近60%。而北京提供的职位数量虽然很多（职位数量占整体比例为4.7%），但显然已经供大于求。

这一虹吸效应虽然使北京互联网行业发展迅猛，但也使上海、深圳等地简历数量相对较低，人才不够。

成都的人才流动较为健康，在简历投递与职位分布上并没有太大起伏。

哪种开发语言最抢手

前端开发语言评比

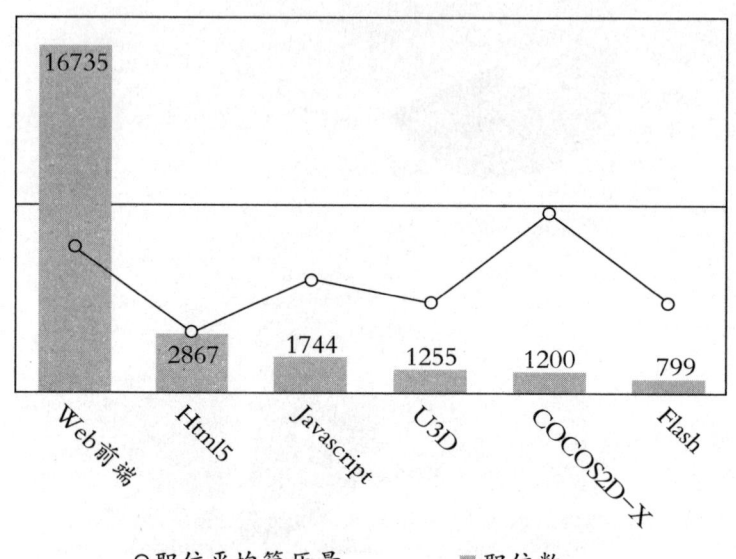

（各前端开发语言职位数与简历投递量对比）
本数据来源于互联网第一招聘平台拉勾网

"职位多，人少"第一名：Html5
"职位少，人多"第一名：COCOS2D-X
"职位多，人多"第一名：Web前端
"职位少，人少"第一名：Flash

移动端开发语言评比

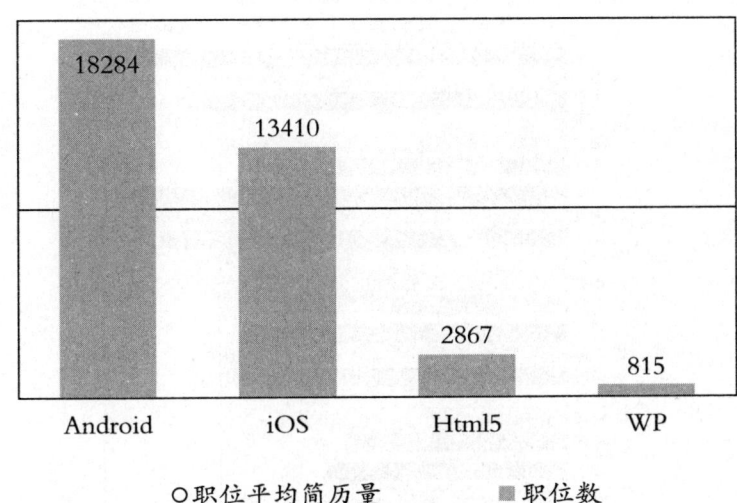

（各移动开发语言职位数与简历投递量对比）
本数据来源于互联网第一招聘平台拉勾网

"职位多，人少"第一名：Html5
"职位少，人多"第一名：iOS
"职位多，人多"第一名：Android
"职位少，人少"第一名：WP

以上数据基本可以反映出互联网行业的人才格局。
比如，iOS与Android的开发占绝对优势。
WP需求少，职位也少，没法和这两大平台相匹敌。
Html5大有蓄势待发之势。

哪个城市薪水最高

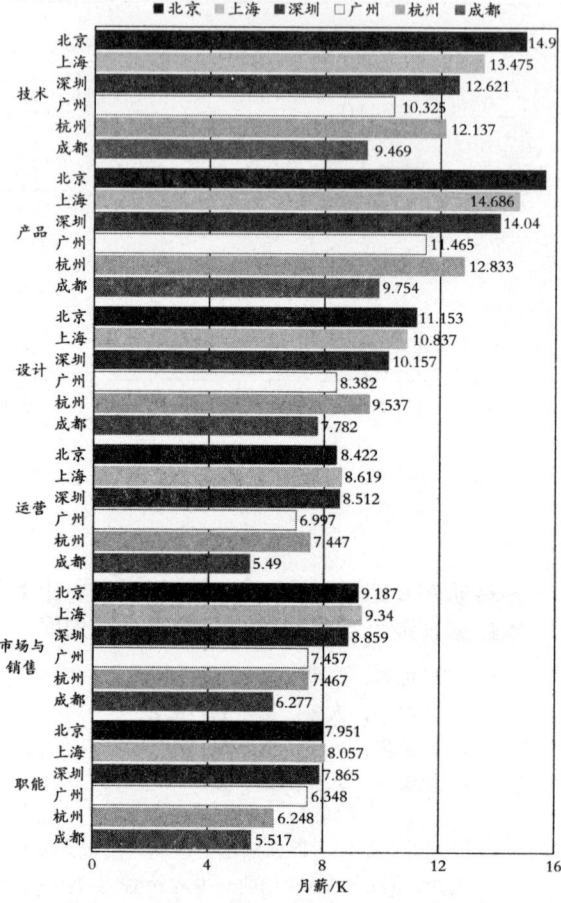

以上数据中,三大互联网职业(技术、产品、设计)等职位的平均薪资,北京名列前茅,基本高于上海1K左右。

而在市场销售、运营及职能类工作中,上海的薪资与北京相比较高。

而其他二、三线城市及省会城市平均薪资为:
运营类:5.42K
市场与销售类:5.79K
设计类:5.43K
技术类:7.4K
产品类:7.99K

与一线互联网公司聚集的城市相比,还有很大的增长空间。

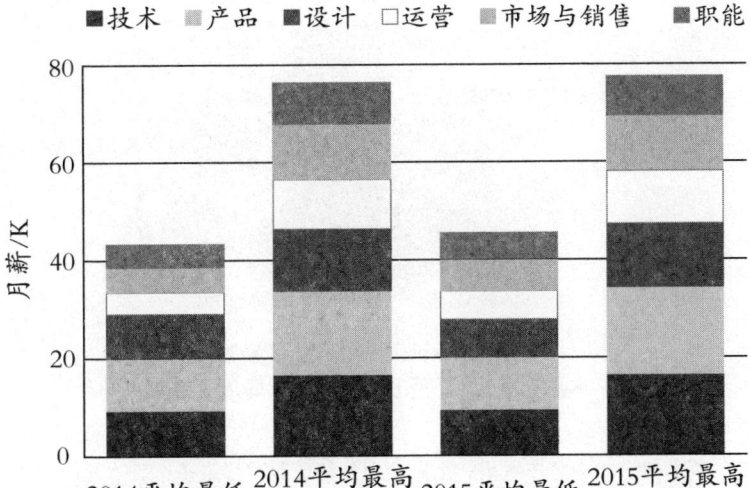

（2014与2015互联网行业薪资对比）
本数据来源于互联网第一招聘平台拉勾网

2014与2015的薪资对比中，总体有所上涨。虽然涨幅不算很大，但是有很多企业在拉勾网"十万个Offer·全民跳槽月"中还是给出了足够的诚意。从数据可以看出，市场与销售类职位整体薪资有所下降，但影响不算很大。

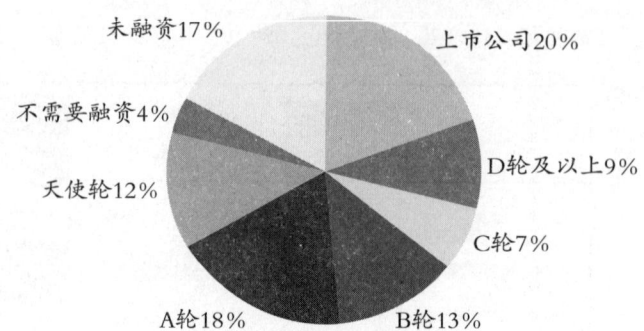

（各阶段公司简历收取量对比）
本数据来源于互联网第一招聘平台拉勾网

从简历收取量占比中可以看出，上市公司的简历收取量最多，其次是A轮的企业。
但是，由于整个A轮、天使轮、上市公司的职位绝对量较大，因此单纯看简历收取量，不代表这些阶段的公司最受欢迎。
于是有了下面这组数据：

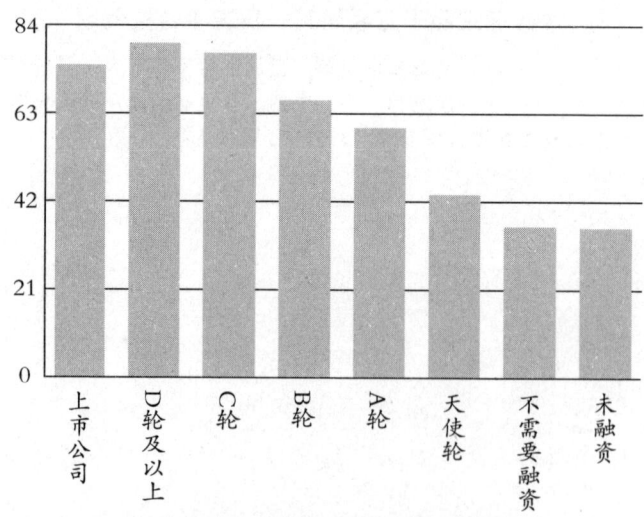

（每个职位收到的平均简历数）
本数据来源于互联网第一招聘平台拉勾网

从上面的数据可以看出，处于高速发展期的C轮、D轮公司，最受互联网人才追捧；上市公司依然有强劲的竞争力。
而未融资、天使轮阶段的早期公司，明显处于人才争夺大战的下风。

不打卡的互联网公司到底有多少

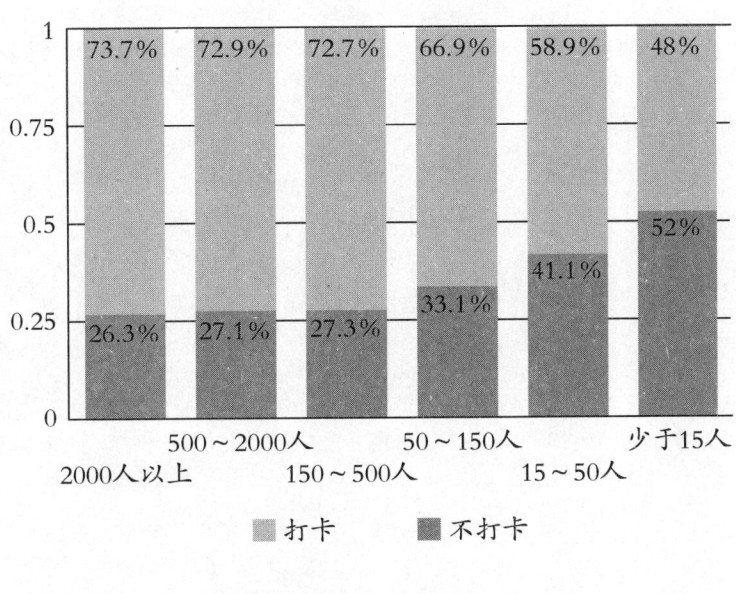

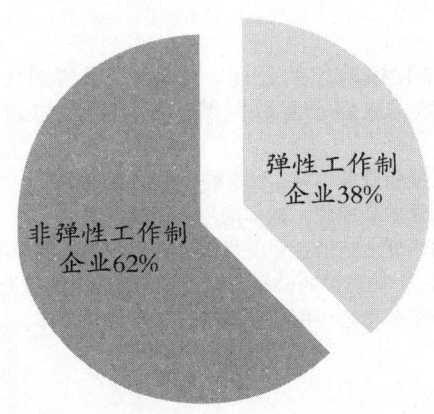

（各规模阶段的公司，弹性工作制对比）
本数据来源于互联网第一招聘平台拉勾网

规模越大的互联网公司越不讲究弹性工作制，<u>2000人以上的大型互联网公司只有13%的企业愿意实行弹性工作制。</u>而少于15人的小型企业则有25%的企业实行弹性工作制。

整个互联网行业中约有38%的互联网公司实行弹性工作制。

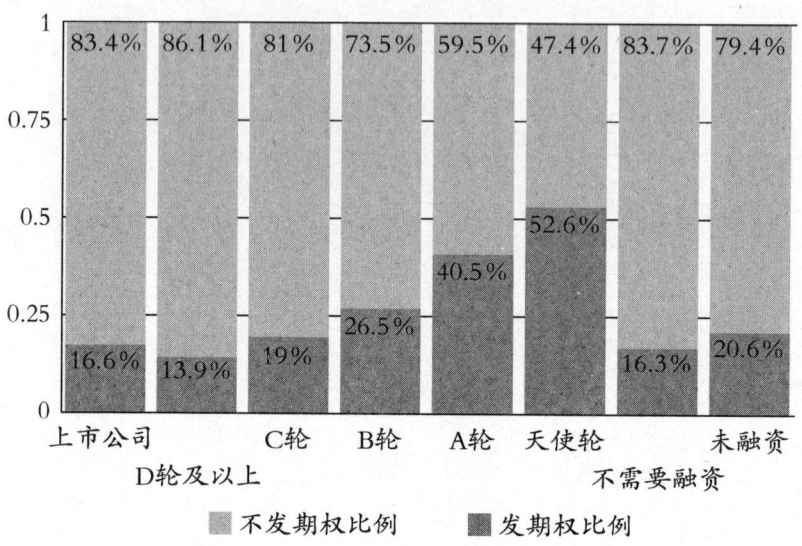

（各规模阶段的公司，发期权/股票对比）
本数据来源于互联网第一招聘平台拉勾网

天使轮企业中有52.6%的企业愿意给期权。
如果想拿期权，越早期的公司越好谈。
越临近上市的企业，员工享有期权的比例越小。
到了D轮阶段的公司，约有13.9%的人拥有期权。
上市公司则会用期权激励员工更好地工作。

附录

什么时候投简历更容易得到面试机会

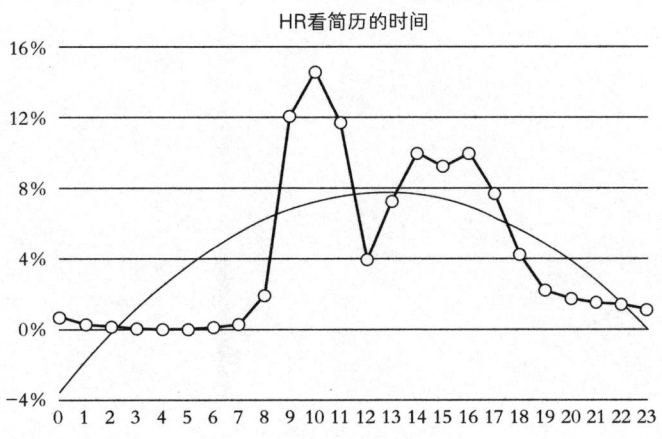

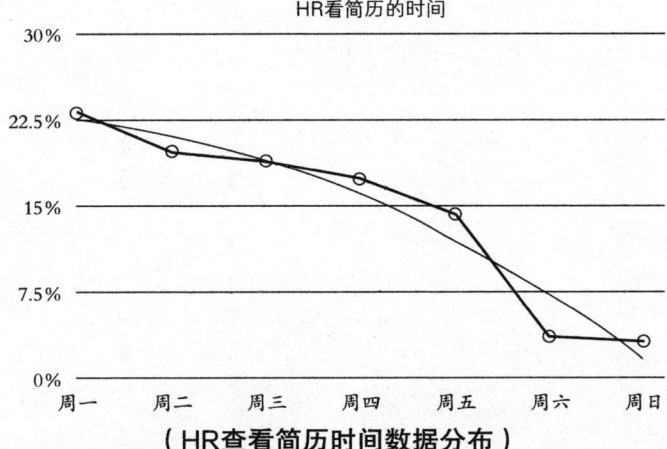

（HR查看简历时间数据分布）
本数据来源于互联网第一招聘平台拉勾网

HR看简历的时间基本集中在早上10点，占14.5%的比例，也就是刚上班没多久的时间点。其次就是早上9点和11点。

到了下午，数据就开始渐渐往下降。

如果按一周的维度来看，周一查看率最高，23.1%的人力资源主管都在这个时候看简历。也就是说，<u>在周一早上10点前发出简历，将会提高简历被查看的机会。</u>

通过拉勾网投递的简历，人力资源主管将会直接通过微信看到，不用进邮箱查看，因此简历被查看的效率大大提升。